古代歷史文化 研究輯刊

六 編

王 明 蓀 主編

第 22 冊

清中期北京梨園花譜中的性別特質想像

張 遠 著

國家圖書館出版品預行編目資料

清中期北京梨園花譜中的性別特質想像／張遠 著—初版—
新北市：花木蘭文化出版社，2011〔民100〕
序 2+ 目 2+158 面；19×26 公分
（古代歷史文化研究輯刊 六編：第 22 冊）
ISBN：978-986-254-616-1（精裝）
1. 京劇　2. 性別角色　3. 演員　4. 清代
618　　　　　　　　　　　　　　　　100015469

ISBN-978-986-254-616-1

9 789862 546161

古代歷史文化研究輯刊
六　編　第二二冊　　　　　ISBN：978-986-254-616-1

清中期北京梨園花譜中的性別特質想像

作　　者	張遠	
主　　編	王明蓀	
總 編 輯	杜潔祥	
出　　版	花木蘭文化出版社	
發 行 所	花木蘭文化出版社	
發 行 人	高小娟	
聯絡地址	新北市永和區中正路五九五號七樓	
	電話：02-2923-1455／傳真：02-2923-1452	
網　　址	http://www.huamulan.tw 信箱 sut81518@gmail.com	
印　　刷	普羅文化出版廣告事業	
初　　版	2011 年 9 月	
定　　價	六編 25 冊（精裝）新台幣 40,000 元	

清中期北京梨園花譜中的性別特質想像

張 遠 著

作者簡介

張遠，臺灣臺北市人，1977 年出生，1999 年畢業於臺灣大學歷史學系，2002 年獲得台大歷史學研究所碩士，2010 獲得台大歷史研究所博士，主要專長為清代至近現代中國的性別史和與戲劇相關的社會文化史，另著有《近代平津滬的城市京劇女演員（1900-1937）》。

提　要

　　本書關心的問題為清代中期（乾隆末至道咸年間）的性別特質建構，使用的核心史料為當時流行於北京的梨園花譜，這是一種由旅居北京的文人所撰寫，主要以形容女性的詞彙來描寫男旦的文本。本書從花譜中對於演員文才、談吐、道德、身體外貌的描繪，分析其中男性特質和女性特質的想像；並探討這樣的性別建構方式，如何與演員的地域、年齡，和個別氣質相連結，及可能的跨越性別意涵。

　　除了花譜之外，並參照比較當時及前代不同脈絡的書寫文本，包括小說、筆記、傳記，及相關二手研究，以彰顯花譜中性別觀念的特色及時代意義，希望指出傳統中國晚期性別文化的多樣性，不受限於僅僅是男尊女卑和禮教束縛的刻板理解，除性別問題之外，並進一步擴充文人社群、戲劇史的探討。

誌　謝

本書的完成要感謝許多人的協助及指導。

首先最要感謝的，是指導教授林維紅老師，從大學時代開始即受老師的啓發，並產生對性別主題的興趣，而老師在我撰寫過程中持續的關心協助，以及不時提出使研究更有趣更有意義的想法，也因此才能有本書的誕生。

非常感謝王安祈、王瑷玲、陳芳英、胡曉眞四位口試老師，在提供了我許多富啓發性的意見，尤其對於非戲曲也非文學專業的我來說，補足了個人視野的不足，並增加了論文的可能發展方向，另博士班期間曾上王安祈老師的課並指導學科考試，也獲益良多。

謝謝台大婦女研究室，提供婦女與性別研究碩博士論文計畫獎助，以及在期中報告時，歐麗娟老師及陳妙芬老師給予的意見。

謝謝盧建榮老師爲本書撰寫的導讀。

最後要感謝的，是我的家人們，在漫長的博士生活中對我的支持鼓勵。

張遠

目次

男戲迷觀點下假鳳虛凰的粉墨人生：
前有梅蘭芳，後有楊麗花

盧建榮

　　清末民初的名伶不是女的，而是男的。在眾多男扮女角的名伶中，要數梅蘭芳最有名。男扮女角反串演出，這已夠稀奇了，更稀奇的是不分男女觀眾都成了這位男性旦角的粉絲。梅蘭芳傾動京滬成為演劇界的一哥（或一姊），這不是清代國劇史界的頭一遭，男角成為萬人迷的名伶現象乃清史以來常態。這是緣於滿洲人殖民統治中國伊始不許漢人女性演戲的文化政策所致。這一文化政策意外的結果就是男伶替代之前元明時代女伶吃香（或吃苦）的地位。男伶演女旦角色，還得唯肖唯妙，且顛倒眾生，這似乎男伶在揣摩戲劇角色之餘，還得多花一份工夫去演好一個偽裝的性別。民初梅蘭芳，以及之前二百年更多的梅蘭芳們是如何生存於歷史的角落，正是張遠博士的大作《清中期北京梨園花譜中的性別特質想像》所要解答的。

　　男性固定扮演女旦角色，還有個譜，叫乾旦。這在西方戲劇史不多見。有之，則比較常見於喜劇，為的是製造男性反串女性的諧趣，這不像中國男演員正經八百演女旦的態度。像五〇年代美國好萊塢出的《熱情如火》中傑克李蒙（假扮女大提琴手），七〇年代美國好萊塢推出《窈窕淑男》一戲，劇中由一位失業男演員（由達斯汀霍夫曼主演）應徵電視台當女演員，結果竟然成為該電視台連續劇的台柱，這些都為了製造反串演出的笑果。可中國的乾旦可不是丑角，要討觀眾開心的，他要演得恰如其分，讓觀眾看得蕩氣迴腸、如醉如痴，等戲散後，觀眾兀自朝思暮想他。他是觀眾心中的理想女性。

　　這些乾旦的男演員年齡都很輕，而面容、身材，以及姿色都擬似女性。他們的身姿和音容被一些特定觀眾加以記錄，這才讓張遠博士看到這些梅蘭芳們所展現的理想型女性特質的一面。做這類記錄的人是一群旅寓京中、闈場失意的文士。他們屢試不第，只好寄情戲劇，並與同好分享其觀伶心得。這類分享，透過書寫、刊刻，以及傳播等等文化活動。這類書寫名伶的文本

還發展到有個名堂的地步，將名伶存身的梨園諧擬成眾香國的這類書，儘管書名不一，卻有個統稱，叫花譜。這些梅蘭芳們的演藝生涯和生活點滴，都叫這些文士寫手給再現到他們出版流通的各色花譜中。這類花譜的書寫旨趣不是觀影心得和戲劇評論，而是名伶點將錄兼排行榜，這裡面著重各別名伶的演技特性和整體人格的評量。而且，花譜作者與名伶不免有劇場之外接觸、交談，有著共通的戲劇藝術的喜好。這樣觀眾和演員的關係，是男男關係為基準的自我對他者的凝視。這有別於同性戀、狎優／妓風，以及豪客包養名伶的炫富心理。

　　研究戲劇史最令史家扼腕的，莫過於消失的觀眾。觀眾中五花八門、無奇不有，同一齣戲，他們各自解決，各有領會。戲碼、曲目是易於傳世的史料，可憑以作藝術史，但取以作文化史是不夠的。難得清代北京的戲劇，有特定觀眾族群花費精神、錢財，去寫、去出版花譜，這不僅讓研究者的張遠先生找到寫文化史的切入點，同時也讓現代讀者如我讀到一特定觀眾如何觀戲，以及如何看待他們心儀的名演員。這一部分研究涉及近日文化史的重頭戲，即閱讀史和印刷出版史。所以，張遠先生的研究固然是從性別史和婦女史出發，但卻碰到與閱讀史和印刷史的交會所在。就課題史而言，注意花譜史料價值的張遠先生不是第一位，在他之前有吳存存、么書儀、王安祈，以及龔鵬程等學者都注意過。但都不像張遠先生一般，立志一網打盡，並作全面且系統的研究。這是花譜到了張遠先生手中有了進一步的發展。

　　其次，講到張遠研究的特色，有一點必須提出。花譜作者寫到這群梅蘭芳們，可是在進行女性書寫，在此，這些作者投射出的是理想型女性，也就是心目中的女性形象。然而，這類書寫大體不出中國文學傳統對女性美書寫的文化範疇。這讓我想起法國情感歷史大師 Alain Corbin 對狎妓文學現象的研究指出，寫的雖是妓女，但實際暴露的卻是狎客的潛意識。在此，活生生的妓女只是幌子。回到本題，觀眾中，還有豪客和日後的女性這兩類人，雖存在，但卻是缺席的。

　　懂書寫、又願意書寫的豪客和女性，要到現代才面世。台灣新象的許博允和一眾楊麗花的女戲迷們，可能會是張遠後一輩的史家願意進場研究的新對象吧？倘若如此，張遠先生這本大作就功不唐捐了。

第一章　緒　論

　　本書所關心的問題是清中期花譜所反映的性別特質想像。明清性別特質的研究，自上世紀末以來已有相當的發展，本研究選擇以描寫男旦的花譜來探討性別特質，著眼於花譜中各種具性別意涵的詞彙和形容方式。

　　花譜作者藉由觀看演員於舞台上下的「表演」，想像各類型的理想性別形象，展現出與小說、戲曲、傳記等史料中相異的性別觀念；也顯示在明清時代，並非僅僅是從正統禮教言論中，所看到的男尊女卑和禮教束縛，而是在特定社群文化中，充滿多樣的性別特質想像。由於描寫對象為男性演員，卻不時展現了女性外貌、性情、道德上的特質，在性別跨越的實踐和想像上也頗具意義，有助於了解中國傳統特有的性別觀念（包括陰與陽）中，生理性別、社會身分，與性別特質三者之間的交錯關係。這裡的性別特質主要是指基於社會文化中的期待，而想像特定性別所應有的特質，在第三節中會有進一步詳述。

　　花譜的研究，已在戲劇史、作者及讀者、同性戀等切入角度，有較豐富的成果，本書一方面轉向目前較未深入探討的性別特質研究，也希望補充戲劇研究中，戲劇觀眾之一的花譜作者的觀點。

第一節　研究脈絡與問題意識

　　清代初期，政府禁制女演員的活動，使得清中葉北京的劇場，以及當時形成的京劇中沒有女演員的活動，加上明末以來男風的興盛，使得當時的男旦演員，受到觀眾的喜愛注目，此即花譜產生的主要歷史脈絡。

　　花譜一詞原指花卉相關的書籍，後被用於稱呼描寫妓女的書籍，到了清

中葉的北京，轉用於一種描寫當時演員的著作。〔註1〕作者大多為外地流寓北京的文人，內容主要是當時北京劇壇上演員的資料、評論、梨園掌故、作者親身經歷，以及描寫或贈與演員的詩詞等。其中多使用習慣描寫女性的形容詞、比喻等等，來描寫男性演員。

　　本書希望透過以花譜為主的史料，由這群文人對演員的形塑，探討他們心目中想像的理想性別特質。希望提出的問題主要包括：花譜透過書寫演員展現了那些性別特質？其中有那些屬男性特質？那些屬女性特質？各種特質之間的界線和關連為何？在性別想像中，生理性別（sex）與性別特質之間的關係為何？這些性別特質又受到那些因素的影響限制？作為特定時代背景階層的產物，與中國傳統的主流性別特質想像建構的關係為何？在清中葉的各種性別論述中又扮演何種角色？

　　作為性別史研究的一環，期能藉由這些問題的探討，了解傳統中國晚期性別觀念的多樣性和複雜性，並認知明清時代的性別觀，並非如五四傳統以來所建構的印象所言，僅是男尊女卑以及婦女受到禮教束縛壓迫那樣的死板簡單，〔註2〕而是多種浮動的性別特質並陳的世界。

　　另外，花譜作為與性別扮演、性別跨越（gender crossing）相關的重要文本，在花譜為中心的性別跨越過程中，是否有助於突破既有的性別秩序界線——在傳統中國，最核心的性別觀念為「男女有別」？抑或者這樣的跨越，反而強化或釐清了原本既有的界線？〔註3〕

　　作為清代歷史研究的一環，本書也關注花譜作者的背景。花譜的作者是一群旅居北京的邊緣性文人，是以往歷史研究中較忽略的人群，因此探討花譜中性別特質課題的同時，也希望能進一步了解這群邊緣文人。

　　此外，本書的探討主題為書寫演員，雖非以戲劇史本身為主要課題，但也希望藉由本研究，了解當時觀眾對於演員的性別想像，從不同的觀點視角，

〔註1〕吳存存，〈清代梨園花譜流行狀況考略〉，《漢學研究》，26：2（2008），頁163～164。本書全稱之為「梨園花譜」以有別於其他的用法，但主要還是以花譜二字作為簡稱，進一步可參見第二章第二節的討論。

〔註2〕對於五四婦女史論述的檢討，可參見高彥頤著，李志生譯，《閨塾師：明末清初江南的才女文化》（南京：江蘇人民出版社，2005），頁1～11。譯自 Dorothy Ko, *Teachers of Inner Chambers: Women and Culture in Seventeenth-Century China*（Stanford: Stanford University Press, 1994）.

〔註3〕張小虹有對性別越界的可能性作一討論，見氏著，《性別越界：女性主義文學理論與批評》（台北，聯合文學出版社，1995），頁5～7。

豐富對於中國傳統戲劇扮裝演出的意義。

　　本書選擇的研究時段爲清乾隆末至清咸豐年間，主要的考量是花譜和戲劇史的發展。花譜的開山作品《燕蘭小譜》成書於乾隆五十年，標誌著梨園花譜時代的開始，其後花譜與其相關的文化雖一直持續到清末，但從道咸年間開始，隨著京劇的形成，和以程長庚爲首的三位演員「前三鼎甲」的影響之下，北京戲劇的發展逐漸轉向以鬚生爲中心，而花譜中的主角旦角反而退居其次，不再是北京劇界的主角。〔註4〕因此本書選擇大致以此戲劇史上的變革作爲時代下限，以便更清楚展現花譜所反映性別特質的時代特性。

第二節　理論概念：男性特質與女性特質的定義及運用

　　作爲性別史研究的一環，本書中採用的核心分析概念爲性別特質，其中包括男性特質（Masculinity）和女性特質（Femininity）〔註5〕兩個性別研究中的概念。本節將介紹該概念的定義意涵，以及在本書中如何運用此概念。

　　首先指出性別特質的定義。性別特質在不同的使用脈絡和研究立場下，有不同的用法或偏重面向，本書所使用的是其基本的定義，即指涉在特定社會文化中，男性及女性的理想形象，及行爲舉止所受到的期待。男性特質與女性特質可展現出在特定社會文化中，人們認定何爲男性何爲女性的方式。〔註

〔註4〕　關於這個發展過程參見田根勝，《近代戲劇的傳承與開拓》（上海：上海三聯書店，2005），頁 32～44。另參見么書儀，《程長庚‧譚鑫培‧梅蘭芳——清代至民初京師的輝煌》（北京：北京大學出版社，2009），頁 84～87。其中有關於於程長庚對三慶班禁旦角接客和演出粉戲的描寫。Andrea S. Goldman 的花譜研究中，將第一部花譜出現到 19 世紀前半視爲第一波的花譜，見氏著 "Actors and Aficionados in Qing Dynasty Texts of Theatrical Connoisseurship," *Harvard Journal of Asiatic Studies* 68:1（2008）: 5。

〔註5〕　男性特質和女性特質亦常譯作男性氣質和女性氣質，但在當代中文中，「氣質」常意指從外觀上指所展現的一種正面特質，爲免混淆，因此本書使用「特質」一詞來對應。

〔註6〕　這裡主要參考了蘇珊‧布郎米勒（Susan Brownmiller）著，徐飆、朱范譯，《女性特質》（南京：江蘇人民出版社，2006），譯自 Susan Brownmiller, *Femininity*（New York: Linden Press, 1984）；R. W.康奈爾著，柳莉等譯，《男性氣質》（北京：社會科學文獻出版社，2003）譯自 Raewyn Connell, *Masculinity*（Sydney: Allen & Unwin, 1995）; Jane Mills, *Women Words: A dictionary of Words about women*（New York: Free Press, 1989）, 81～86; Geng Song, *The Fragile Scholar: Power*

6〕

　　性別特質的研究發軔於 20 世紀早期，當時以心理分析的研究爲主，常試圖探究形成性別特質的天生或後天的各種因素；〔註 7〕其後在社會學中，發展出從社會角色概念出發的性別特質研究。〔註 8〕這兩種研究取向，常重視探討人類心理或社會中性別特質的共同點。而 1980 年代以來，人類學、歷史學等的研究，則開始著重於各社會文化中，具有不同特色的性別特質建構方式。〔註 9〕除了在不同社會文化中，男性特質與女性特質有所差異之外，對於同一時代、同一社會中的不同階層、族群、年齡的人來說，男性與女性特質的內涵亦有所不同，〔註 10〕更進一步地說，男性和女性特質中的各種元素及論述，是在各種場域中，互相影響競爭、潛移默化，甚至是在不斷的妥協商議（Negotiate）中逐漸形成的。〔註 11〕

　　　　　　and Masculinity in Chinese Culture（Hongkong: Hongkong University Press, 2004），10～17.
〔註 7〕　Jane Mills, *Women words: A Dictionary of Words about women*（New York: Free Press,1989），81～86.
〔註 8〕　R. W.康奈爾著，柳莉等譯，《男性特質》，頁 27～36。
〔註 9〕　這裡以男性特質爲例，參見 Michael S. Kimmel and Michael A. Messner, *Men's Lives*（Peking, Pearson Education 2005），1～2. 此外關於性別特質意義的複雜性和變動性，可參見 R.W.康奈爾著，柳莉等譯，《男性氣質》，頁 36～56。
〔註 10〕　例如康奈爾就提出，在一個社會不同的人群的男性特質依其不同的權力位置，可區分爲權威式男性特質（Hegemonic Masculinity）以及邊緣性男性特質（Marginalized Masculinity）各種男性特質並行，常是處於競爭的關係。見 Michael Flood, Judith Kegan Gardiner, Bob Pease, and Keith Pringle eds, *International encyclopedia of Men and Masculinities*（London and New York: Routledge, 2007），253-255。
〔註 11〕　用 Negotiate 的概念來探討男性特質的著作，中國史相關的有 Martin W. Huang, *Negotiating Masculinities in Late Imperial China*（Honolulu: University of Hawaii Press, 2006），關於該著作，參見本章第四節的研究回顧。另在艾梅蘭（Maram Epstein）探討明清小說中性別意義的著作，艾梅蘭著，羅琳譯，《競爭的話語：明清小說中的正統性、本眞性及所生成之意義》（南京：江蘇人民出版社，2005）則提到 competing discourses 的概念，認爲許多種不同的性別相關論述之間是一種相互競爭的關係。譯自 Maram Epstein, *Competing Discourses: Orthodoxy, Authenticity, and Engendered Meaning in Late Imperial Chinese Fiction*（Cambridge, Mass: Harvard University Asia Center, 2001）此一概念出現得很早，例如美國性別史的著作，即相當重視對於性別這個概念的動態性浮動性，見費儀·金絲伯格（Faye Ginsburg）、安娜·羅文哈普特·鄭（Anna Lowenhaupt Tsing）著，伍呷譯，〈《不確定的詞語概念——美國文化中社會性別的商較量》序言〉，收入王

　　這種視性別特質爲不斷浮動變化的看法，與中國傳統與性別特質相關連的概念「陰陽」頗有相通之處。雖然中國的陰陽概念，並非僅限於解釋性別、而包括更多的人際關係，但仍爲影響性別特質建構的重要概念，有助於了解中國的性別特質問題。〔註 12〕在陰陽這套系統中，陰與陽的特質並非分別只存於女性與男性身上，而是在不同的場合、不同的社會關係、不同身分的男性女性中，分別有不同分量的陰與陽，這種性別建構所具有的彈性，在具有性別跨越性質的花譜中更爲明顯。

　　在本書中，即重視性別特質的浮動變化，希望將花譜視作男性特質和女性特質相互妥協商議（Negotiate）的一個場域。雖然花譜只是存在於文人、戲迷和演員之間交流的一種文本，但透過描寫形塑特定階層的演員，文人們不僅透露出自身對理想男性和女性的想像，同時也傳佈、形塑自身的男性形象特質，並藉此獲得認同。

　　從陰陽或妥協商議這樣具浮動性別特質觀念，可進一步說明性別特質是否僅能二分的問題。強將各種特質區分爲男性特質和女性特質，其實可能是對於現有性別秩序的強化，而忽略甚至壓制了其他多元性別特質（如同志的性別特質）的可能性。〔註 13〕在本書中，雖採用男性與女性特質作爲基礎分析架構，但並不強將所有特質納入男性或女性特質二元的框架，而是就當時花譜中的脈絡，來探討當時人認定某些特質偏於男性或女性，但不將這種偏向，等同於男性或女性，因不同分量和特性的陰與陽相結合，可能產生不同於男或女的另種特質想像。而因與西方當代發展脈絡不同，因此也不貿然使用類似第三性這樣的概念。

　　以下即進一步說明，本書如何在中國歷史和文本的脈絡中，界定和運用性別特質的概念。因中國傳統有著「男女有別」的基本性別建構觀念存在，〔註

政、杜芳琴主編，《社會性別研究選譯》（北京：生活・讀書・新知・三聯書店，1998），頁 247～251。

〔註 12〕Geng Song, The Fragile Scholar, 15～16.另關於陰陽與中國性別的問題，更早的可參見鮑家麟，〈陰陽學說與婦女地位〉，收入於鮑家麟編，《中國婦女史論集續集》（台北：稻鄉出版社，1999 年），頁 37～54。

〔註 13〕如巴特勒（Judith Butler）即對此加以批判，見巴特勒著，林郁庭譯，《性/別惑亂──女性主義與身分顛覆》（台北：桂冠圖書公司，2008），〈原著 1999 年版序〉，頁 1～2。譯自 Judith Butler, Gender Trouble: Feminism and the Subversion of Identity（New York: Routledge,1999）。

〔註 14〕關於男女有別的觀念及在中國的發展，可參見 Lin, Wei-Hung, "Chastity in

14）亦即有區隔男性和女性的不同期待與想像，因此若能配合文本中詞彙、形容方式的使用脈絡，並注重所指涉性別角色與身分關係，性別特質可成為有用的分析工具，藉以梳理出男旦演員的描寫中，所蘊涵的各種性別建構方式。

在界定性別特質的方法上，如前所述，男性與女性特質不一定限於同一性別上，因此光以男性及女性的實際表現，並無法界定性別特質的存在。〔註 15〕這種情形在花譜中描寫的演員中更是如此，男性和女性特質的想像常同時存在於同一性別的演員身上。

而何為男性和女性特質，更不能以單一標準本質論的角度來探討，例如把現代人受西方文化影響下，所認定的性別特質當作標準。因類似的特質在不同的社會文化，甚至同一文化，但不同情境脈絡下，都可能分屬於不同的性別特質。舉例而言，明清才子佳人小說中，男性主角的外表甚至個性，從現今的性別觀念角度來看，並不合乎男性特質，而是女性特質的表現。但在當時的脈絡中，這種「文弱書生」的形象卻又屬於一種男性特質的展現。雖然類似的外貌等形象在也在女性角色中存在而屬於女性特質，但二者所代表的性別意義卻可能是不同的。〔註 16〕

在本書第三章和第四章的討論中，試圖從花譜中描寫方式的脈絡中，界定出作者在形塑某種特質時，將那些特質想像為男性或女性所應有的特質，以及代表何種特定身分位置。而在演員的描寫中，並非各種形象都能作為觀察性別特質建構的線索。有些形象描寫可能與男性或女性特質無明顯的關連（或者也許有絲毫關連但目前尚難以論證），如某些演戲的技巧可能作為演員的身分更有關，因此在本書中，會特別將與性別特質相關的演員形象提出做分類討論。

在界定性別特質方式上，以女性特質為例，花譜及其同時代的文字中，可看到一些形象特質，會配合「女子態」、「女兒之態」等詞彙來描寫，因而能較明確地與女性特質相連結。另如一些以特定類型女性、或代表性的古代女性人物所作的比喻，也可界定其女性特質。此外，參考一詞彙在花譜以外文本的使用脈絡，來判斷特定特質的歸屬，如廣為使用的「媚」態，即可界定為女性特質的表現。〔註 17〕

Chinese Eyes: Na Nu Yu Pieh,《漢學研究》，9：2（1991），頁 13～40。

〔註 15〕男性特質不等於「男性是什麼」的相關討論可參見 R.W.康奈爾,《男性氣質》，頁 94～95。

〔註 16〕Geng Song, *The Fragile Schola*r, 17.

〔註 17〕參見第 3 章第 1 節。

　　在界定男性特質時，也同樣可找尋相關描寫的線索。例如利用像「公子」、「士人」、「男子」等形容男性的用語，以及傳統用於男性的文字和比喻方式，來界定男性特質的描寫。除此之外，尚需搭配文字描寫的情境與上下脈絡，尤其在花譜中所展現文人與演員間的關係中，可看到一些對演員的形象描寫，是出自文人形象的投射，可界定為他們對於理想男性的想像期望。

　　關於詳細的性別特質區分方式與詞彙，將在第三章和第四章實際的探討中，作進一步的討論。

第三節　史料運用

　　本書的核心資料為花譜。如前所述，花譜是清中葉一群邊緣文人描寫演員的著作。該文體除了本身為集體創作之外，各部之間也有一定的傳承影響和參照，並在文人之間形成一些撰寫的標準，因此可看出花譜作為一種作品類型，反映了讀寫花譜文人社群的性別觀念，而非僅為個別作者的想法，這些想法且透過出版傳布對社群以外的人產生影響，因而更能彰顯其用於性別特質研究的意義。

　　然而必須注意的是，花譜是作為文人對演員的想像和書寫，其中有許多理想化、浪漫化的成分在內。因此，花譜不能完全反映當時演員的實際情形，並缺少演員自身的觀點聲音。雖然花譜也透過文本的傳布影響了其他的觀眾，甚至影響了部分演員的看法，但主要反映的仍是作者文人社群所構築的想法。關於花譜的性質，在第二章中會進一步探討。

　　除了花譜本身之外，清中期的小說《品花寶鑑》也是本研究主要運用的資料之一，是可資觀察當時劇場文化和文人觀念的重要作品。其作者陳森是乾嘉年間北京觀戲文人社群的一分子，雖然作為一本小說，所記內容不全為真實，但該書以較為細緻的內容，反映了他對於演員形象、花譜運作及士優關係的想像，其中部分人物且為現實人物的影射。

　　在花譜之前以及同時期的其他書寫文本中，尚有許多競爭或平行存在的性別特質建構方式存在，結合這些相關論述的探討，才能使得花譜本身的性別建構意義更為彰顯。這部分包括花譜所承繼的演員及名妓相關著作（第二章第五節將有相關介紹），也及於明清的小說、戲曲、筆記等。此外清中葉的文集、筆記中，間或提及北京的品優文化，也是參考運用的資料。

第四節　相關研究回顧

本節回顧本書相關主題過去的研究成果。分別從史料花譜、明清性別特質以及戲劇與性別跨越三個方向的研究來討論，以說明本書在這些基礎上進一步可能的研究方向。

一、花譜相關的研究

北京的花譜著作在民國以後逐漸散佚，民初張次溪等人，收集花譜編輯爲《清代燕都梨園史料》正編和續編，並考據作者和他們的個人背景，這是花譜最早的相關研究。1988 年，北京的中國戲劇出版社點校重印這兩部書，因而開始有較多的花譜相關研究。

過去的花譜研究主要包括幾個面向。首先，由於花譜的內容主要在描寫演員，因此提供清代戲劇史極有價值的研究資料。例如馬少波等編輯的《中國京劇史》、陳芳《乾隆時期北京劇壇研究》、丘慧瑩《乾隆時期戲曲活動研究》〔註 18〕等等，都曾利用花譜資料來了解清代中期北京的戲班、演員、劇目、戲評等。

其次，花譜也是當時的劇評，潘麗珠撰寫的《清代中期燕都梨園史料評藝三論研究》，〔註 19〕以「色藝論」、「性情論」、「風致論」三個美學角度，來分析花譜中對演員的品評，以及在中國傳統戲評和文評傳統中的意義。

由文本的作者、讀者和社會關係出發的取向，也有一定的研究成果。以龔鵬程的〈品花記事：清代文人對優伶的態度〉而言，花譜就不僅是戲劇資料，而是探討中國文人品評事物的審美觀念等的重要史料。〔註 20〕么書儀〈楊掌生和他的京塵雜錄〉、〈試說嘉慶、道光年間的「花譜」熱〉〔註 21〕等論文，探討了花譜作者的背景，並認爲花譜具有類似商業廣告的宣傳效果，造成文人與演

〔註 18〕 馬少波等著，《中國京劇史》（北京：中國戲劇出版社，1998）；陳芳，《乾隆時期北京劇壇研究》（台北，學海出版社，2000）；丘慧瑩，《乾隆時期戲曲活動研究》（台北：文津出版社有限公司，2001）。

〔註 19〕 潘麗珠，《清代中期燕都梨園史料評三論研究》（台北：里仁書局，1998）。

〔註 20〕 龔鵬程，〈品花記事：清代文人對優伶的態度〉，收入氏著，《中國文人階層史論》（蘭州：蘭州大學出版社，2004），頁 189～249。

〔註 21〕 么書儀，〈楊掌生和他的《京塵雜錄》——兼談嘉、道年間的「花譜」熱〉《中國戲曲學院學報》，25：1（2004），頁 60～65；么書儀，〈試說嘉慶、道光年間的「花譜」熱〉，《文學遺產》，2004：5，頁 96～106。

員之間的關係有所轉變。吳存存〈清代梨園花譜流行狀況考略〉也從這個角度
出發，但認爲雖然花譜的確具宣傳效果，但並未因此改變了士優關係。〔註22〕

　　此外，吳存存從當時的性愛風氣（包含「男風」）及社會審美觀念的角度
切入花譜的研究。其《明清社會性愛風氣》的相關章節以及〈「軟紅塵裡著新
書」──香溪漁隱《鳳城品花記》與晚清的「花譜」〉〔註23〕等著作，討論男
男關係與士人演員的階層關係，又自當時社會的審美觀念，探討花譜的記述，
認爲花譜中對於男性演員的描寫方式，不僅與士優的同性戀關係有關，更與
當時對美男的審美喜好標準有關。

　　近年二部較新的花譜研究都是綜合性的探討。王照璵的碩士論文〈清代
中後期北京「品優」文化研究〉〔註24〕是花譜相關研究中相當全面的作品。
其中對於品優寫作（包括花譜和菊榜等）的內容和性質、私寓文化的發展、
以及文人心態品味的發展等方面，都有很深入完整的探討。Andrea S. Goldman
"Actors and Aficionados in Qing Dynasty Texts of Theatrical Connoisseurship"一
文，則從花譜所反映的文人心態、所繼承的書寫傳統，以及花譜中對於北京
的記錄、記憶和鄉愁等角度來探討花譜。〔註25〕

　　以上有關花譜的研究主要在戲劇史、社會史、文人心態，以及同性戀諸
面向，但有關花譜中男女特質的建構，則仍待進一步的探討，這正是本書希
望進行的研究方向。

二、明清性別特質相關的研究

　　性別史研究中，女性史的發展早於男性史，且成果較爲豐碩，但在性別
特質研究上，男性特質研究卻有後來居上之勢。女性史（婦女史）研究開始
發展時，希望補足歷史研究中女性的缺席位置，多種主題的女性史都受到重

〔註22〕吳存存，〈清代梨園花譜流行狀況考略〉，《漢學研究》，26：2（2008），頁163
　　　　～184。
〔註23〕吳存存，《明清性愛風氣》（北京，人民文學出版社，2000）；吳存存，〈「軟紅
　　　　塵裡著新書」──香溪漁隱《鳳城品花記》與晚清的「花譜」〉《中國文化》，
　　　　23期（2006），頁73～85。
〔註24〕王照璵，〈清代中後期北京「品優」文化研究〉（南投：暨南大學碩士論文，
　　　　2007）。
〔註25〕Andrea S. Goldman, "Actors and Aficionados in Qing Dynasty Texts of Theatrical
　　　　Connoisseurship" in *Harvard Journal of Asiatic Studies* 68:1（2008）：1～56.

視，女性特質的研究僅爲其中一環，甚至較被忽略。〔註 26〕反之，強調性別意識的男性史（與以往史學研究中以男性爲主，但忽視男性的性別有所不同）雖起步較晚，但在開始發展時，男性特質就成爲其中的重要主題之一。〔註 27〕

中國明清的性別特質研究也有類似的情形，明清女性研究較男性研究發展得早，在女性社會生活、女性地位、女性文化、女性文學等方面都有一定的成就，但以「女性特質」作爲核心概念的研究則較少，反不如爲數較少的男性研究中，多將男性特質作爲核心概念，因此明清男性特質研究的發展軌跡，較女性特質更爲清楚。以下即先介紹男性特質研究的發展歷史（其中不少著作同時探討女性特質），再補充幾部研究女性特質相關的重要著作。

1990 年代開始，中國性別史的學者，開始注意並觸碰性別特質問題。如 Charlotte Furth 從醫書中探討明清的性別建構，〔註 28〕Bret Hinsch 的男同性戀研究也觸碰男性特質的問題，〔註 29〕但這些研究尚未將性別特質的概念作爲研究主軸。

2000 年以後，中國史的男性特質研究有較明顯的發展，2000 年 12 月號的 *American Historical Review*，出現了以"Gender and Manhood in Chinese History"爲名的論壇（forum），〔註 30〕雖然其中的文章主要討論中國傳統社會中男性之間的關係，而較少著墨於男性特質，但作爲美國重要歷史期刊論壇的主題，代表中國史的男性研究開始受到重視。

其後 2002 年出版的 *Chinese Femininities Chinese Masculinities: A Reader* 〔註 31〕中，編者 Jeffrey N. Wasserstrom 指出當時中國的性別特質研究發展還

〔註 26〕 Joanne Bailey, "Is the Rise of Gender History 'Hiding' Women from History once again?" *History in focus*, 2006, 20 May 2010 〈http://www.history.ac.uk/ihr/Focus/ Gender/articles.html〉，其中舉 18 世記的英國史爲例，指出男性特質的研究較女性特質的研究深入。

〔註 27〕 參見 R. W. 康奈爾，《男性氣質》，頁 36～37。

〔註 28〕 如 Charlotte Furth "Ming-Qing Medicine and the Construction of Gender,"《近代中國婦女史研究》，2 期（1994），頁 229～250。Charlotte Furth, "Androgynous Males and Deficient Females: Biology and Gender Boundaries in Sixteenth- and Seventeenth-Century China," *Late imperial China* 9:2（1998）: 1～31。

〔註 29〕 Bret Hinsch, *Passions of the Cut Sleeve: the Male Homosexual Tradition in China*（Berkeley and Los Angeles: University of California, 1990）.

〔註 30〕 "AHR Forum: Gender and Manhood in Chinese History," *American Historical Review* 105:5 （2000）: 1559～1666.

〔註 31〕 Susan Brownell and Jeffrey N. Wasserstrom ed., *Chinese Femininities Chinese Masculinities: A*

不足，這正是該論文集成書的重要動機。雖然該書中的明清研究，大多仍未以男性或女性特質作爲主要概念，但也有少數如 Matthew H. Sommer 的文章，運用清代對男男性侵相關法律的改變，來探討當時人心目中男性特質的變化；〔註32〕Charlotte Furth 則運用女性特質的觀念，探討清代醫學診斷中的女性形象。〔註33〕此外，該書的二位編者，在各章節的簡介中，闡述了未明言性別特質概念的文章中，所蘊涵的性別特質意義，對性別特質研究的開展有所助益。

　　探討中國史中男性特質的首部專著於 2002 年問世。雷金慶（Kam Louie）的 *Theorizing Chinese Masculinity: Society and Gender in China*，〔註34〕以「文」和「武」作爲研究中國男性特質的切入點，試圖取代原本常用的陰陽概念，他認爲文和武是中國傳統特有的、且特別針對男性的特質，因此可避免在運用男性特質概念時，過度受到現代西方觀念的影響。

　　約當同時，吳存存的《明清性愛風氣》〔註35〕及 "Beautiful Boys made up as beautiful girls: anti-masculine taste in Qing China"〔註36〕一文，從跨性別的角度，探討明清時代的性別特質。她認爲當時有一種「女性化」、「反男性特質」（anti-masculinity）的男性形象。例如在明清才子佳人小說中，男性主角不僅外型女性化，性格也端莊害羞、被動甚至有點無知，但卻能得到男性才能獲得的成就（理想的女性伴侶或功名等等）。

　　針對明清小說中女性化的男性形象，另一部男性研究專著，黃衛總（Martin

　　　　　　Reader（Berkeley: University of California Press, 2002），1～41.

〔註32〕Matthew H. Sommer, "Dangerous Males, Vulnerable Males, and polluted Males: The Regulation of Masculinity in Qing Dynasty Law,"in *Chinese Femininities Chinese Masculinities: A Reader*, 67～88.另如 David Ownby, "Approximations of Chinese Bandits: Perverse Rebels Romantic Heroes, or Frustrated Bachelors？"講述明清時期對於草莽英雄形象的建構，但並未明確運用男性特質的概念。

〔註33〕Charlotte Furth, "Blood, Body and Gender: Medical Images of the Female Condition in China, 1600～1850," in *Chinese Femininities Chinese Masculinities: A Reader*, 291～314.

〔註34〕Kam Louie, *Theorising Chinese Masculinity: Society and Gender in China*（Cambridge: Cambridge University Press,2002）.

〔註35〕吳存存，《明清性愛風氣》（北京：人民文學出版社，2000）。尤其第 6 章〈明清社會的異裝癖風氣〉。

〔註36〕收入 Kam Louie and Morris Low eds. *Asian masculinity: the Meaning and Practice of Manhood in China and Japan*（London and New York: RoutledgeCurzon,2003），19～40.

W. Huang）的 *Negotiating Masculinities in Late Imperial China*﹝註37﹞則有不同的看法，他認為雖然在明清文學中的男性，常以女性化的方式呈現，但與吳存存提出的「反男性特質」有所不同，他認為這種女性化表現，例如一些男性作者對於女性形象特質的描寫讚美，以及自己以擬女的口吻來撰寫作品，反而是他們試圖展現和形成男性特質的方式。

另一部男性特質研究的專著、宋耕（Geng Song）的 *The Fragile Scholar: Power and Masculinity in Chinese Culture*，﹝註38﹞也探討「女性化」男性的問題。他描寫中國歷史和文學作品中，「文弱書生」這種男性形象的發展，指出這樣的形象亦為男性特質的一種，但認為中國傳統觀念中「陰」的特質，也存在於這些男性文人身上。

此外，在男性質研究上，尚有以《品花寶鑑》、《紅樓夢》等小說為材料，探討生理性別與性別特質之間關係的研究。包括 Chloe Starr 的"Shifting Boundaries: Gender in Pinhua Baojian"，﹝註39﹞由《品花寶鑑》中的記述，指出當時男性特質和女性特質是可變的事物，而非與人物的生理性別密不可分。而馬克孟（Keith McMahon）的"Sublime Love and the Ethics of Equality in a Homoerotic Novel of the Nineteenth Century: *Precious Mirror of Boy Actresses*"﹝註40﹞一文，則認為《品花寶鑑》和《紅樓夢》等作品中，表現出來的是一個稱許女性特質的世界，但女性特質卻不一定存在於女性身上，有時女性反而扮演著具特定男性特質的角色。

前述明清男性特質的著作中，已涉及不少女性特質的探討，以下進一步介紹與本書較相關的幾部女性特質研究。

高彥頤（Dorothy Ko）的《閨塾師：明末清初江南的才女文化》，探討明末清初江南的才女文化，其中並指出當時的閨秀才女，藉由對中國傳統婦女「德、言、容、功」的重新詮釋，擴展了閨秀女性特質的意涵，而將文才和

﹝註37﹞ Martin W. Huang, Negotiating Masculinities in Late Imperial China（Honolulu: University of Hawai'i Press, 2006）.

﹝註38﹞ Geng Song, The Fragile Scholar: *Power and Masculinity in Chinese Culture.*

﹝註39﹞ Chloe Starr, "Shifting Boundaries: Gender in Pinhua Baojian," *Nan Nu* 1:2（1999）: 268～302.

﹝註40﹞ Keith McMahon, "Sublime Love and the Ethics of Equality in a Homoerotic Novel of the Nineteenth Century: Precious Mirror of Boy Actresses,*" Nan Nu* 4.1（2002）: 70～109.

女性外貌納入其中。〔註41〕

　　馬克孟（Keith McMahon）的《吝嗇鬼、潑婦、一夫多妻者──十八世紀中國小說中的性與男女關係》〔註42〕探討了十八世紀小說中各種男性和女性的形象，包括潑婦、才女、俠女、懼內男性等，該書雖未特別運用性別特質的概念，但其中各種「非主流」的男性女性形象的討論，可看出當時在花譜之外，多種性別特質形象紛陳的情形。

　　Susan Mann 的 *Precious Records: Women in China's Long Eighteen-century*〔註43〕探討十八世紀中國閨秀婦女為主的歷史，雖未以性別特質為主要概念，但反映了當時理想閨秀女性以及名妓的形象，可作為花譜中相關理想形象的對照。

　　Louis P. Edwards 的 *Men and Women in Qing China: Gender in The Red Chamber Dream*，〔註44〕以《紅樓夢》中的角色形象，來探討當時人心目中的各種男女理想特質等，這些男女形象，是清代花譜文人之間的共同內心參照資源。

　　艾梅蘭（Maram Epstein）《競爭的話語：明清小說中的正統性、本真性及所生成之意義》，探討明清小說中的正統論述，與追求情的「本真性」論述之間的競爭，並觀察女性特質和男性特質，如何與這些論述結合於小說的角色身上，認為其中女性特質（不必然在女子身上）常與情和本真性的價值相結合。〔註45〕

　　Zhou Zuyan 的 *Androgyny in Late Ming and Early Qing Literature* 一書，描寫明末清初小說角色，結合男女性特質的雌雄同體形象，反映了明清時代性別特質跨越的現象。〔註46〕這種雌雄同體的形象，也存於現實世界之中，在

〔註41〕高彥頤著，李志生譯，《閨塾師：明末清初江南的才女文化》，頁 124。

〔註42〕馬克孟（Keith McMahon）著，王維東、楊彩霞譯，《吝嗇鬼、潑婦、一夫多妻者──十八世紀中國小說中的性與男女關係》（北京：人民文學出版社，2005）。譯自 Keith McMahon, Misers, Shrews, and Polygamists: Sexuality and Male-female Relations in Eighteenth-century Chinese Fiction（Durham: Duke University, 1995）。

〔註43〕Susan Man, *Precious Records: Women in China's Long Eighteenth-century*.

〔註44〕Louis P. Edwards, *Men and Women in Qing China: Gender in The Red Chamber Dream*（Honolulu: University of Hawai'I Press, 2001）.

〔註45〕艾梅蘭（Maram Epstein）著，羅琳譯，《競爭的話語：明清小說中的正統性、本真性及所生成之意義》。

〔註46〕Zhou Zuyan, *Androgyny in Late Ming and Early Qing Literature*（Honolulu: University of Hawaii Press, 2003）.

孫康宜的文章中，即探討了明清女詩人的類似形象。〔註47〕

如上所述，明清時代男性特質的研究，雖仍未能如西方的男性特質研究有較完整的發展，但在本世紀以來，已經有一定的研究成果，並且有雷金慶、黃衛總和宋耕三部專著，以及其他單一主題的論文，對於明清時代男性與男性特質的內涵，產生了如女性化男性形象的性別特質等論題，尚待進一步探索。女性特質的研究，則尚缺少較大型的專著，而主要分散在女性相關論述、女性角色、女性形象等相關研究中。本書即希望運用花譜這個具特殊性別意涵的文本，擴展並深化清代男性及女性特質研究。

三、中國傳統戲劇、演員與跨性別的研究

由於花譜文本的特殊性，因此與中國的戲劇、演員中跨性別的研究也密切相關，以下介紹與本書較直接相關的幾部著作。

Li Siu Leung 的 *Cross-Dressing in Chinese Opera*〔註48〕較完整地探討了中國戲劇反串現象的歷史發展及其性別意義，其中並舉了幾部反串相關的戲劇深入探討其意義，並與西方戲劇中的扮裝作比較。

王安祈〈兼扮、雙演、代角、反串──關於演員、腳色和劇中人三者關係的幾點考察〉一文，探討了中國傳統戲劇特有的幾種與扮裝相關的表演形式。〔註49〕文中所論述中國傳統戲劇中，演員—行當—劇中人三者關係的特性，在花譜的性別研究中亦頗具啟發性，舞台上性別特質跨越的複雜關係，亦可以用於觀察演員在舞台之下的性別特質。

袁書菲（Sophie Volpp）的兩篇文章中，對於十七世紀男旦形象及書寫的探討也值得關注。〔註50〕她認為明末清初文人再現男性演員的方式，是以將

〔註47〕 Chang, Kang-i Sun, "Ming-Qing Women poets and cultural Androgyny," in *Feminism/Feminist in Chinese Literature*, ed. Peng-hsiang Chen and Whitney Crothers Dilley（Amsterdam and New York: Rodopi, 2002），21～32.該論文集為少數以女性特質為名的中國研究著作，但收錄文章以近代和當代文學研究為主，明清的文章僅此一篇。

〔註48〕 Li, Siu Leung, *Cross-Dressing in Chinese Opera*（Hong Kong: Hong Kong University Press, 2003）.

〔註49〕 王安祈，〈兼扮、雙演、代角、反串──關於演員、腳色和劇中人三者關係的幾點考察〉，華瑋、王璦玲主編，《明清戲曲國際研討會論文集》（台北：中央研究院中國文哲研究所籌備處，1998），頁625～667

〔註50〕 Sophie Volpp, "Gender, Power and Spectacle in Late Imperial Chinese Theater," in *Gender Reversals and Gender Cultures: Anthropological and Historical Perspectives*,

他們女性化，而與妓女類似的方式呈現。〔註 51〕而一些男性演員則被視為如珍貴的物品一般的方式看待。〔註 52〕

　　這些戲劇扮裝與性別的研究，有助於在探討演員的性別特質時，了解其在戲劇演出上的意義，這部分在第五章第三節中會再作探討。

第五節　論文架構

　　本書含本章緒論和結論，共六章。

　　第二章探討主要史料花譜的性質。參酌二手研究以及相關史料，討論花譜的時代背景、作者及讀者，並從文人撰寫的心態，以及承繼前代的相關作品，來了解花譜的性質。

　　第三章從花譜描寫的演員形象，探討文人心目中的理想性別特質。從各類女性的比擬，觀察文人心目中的多種類型女性特質；由文才等相關才能的形象，探討能文的男性特質與才女、名妓等女性特質的結合；從談吐性情的描寫中，觀察花譜如何在演員的形塑中，結合多種男性和女性特質；而在道德與情的形象描寫中，觀察文人如何藉由批評演員過度展現色相，形塑出一套情色與淫欲之間的區分方式，進而延伸出重情輕利的理想特質，並用以強調文人群體與其他「豪客」之間的區別。

　　第四章探討花譜作者對於演員外貌的重視，以及他們如何描寫身材、皮膚、臉部，以及眉目唇齒等身體各部位，並析論這樣的描寫，是代表女性特質，抑或是當時的「女性化」的男性特質？又如何藉此形塑一套對美的看法？最後並探討在花譜中大多缺席的足部所代表的意義。

　　第五章探討花譜作者心目中，性別特質與其他因素的連結，可看到在想像性別特質時，雖不受限於演員的生理性別，但卻受到年齡、地域、演員個人特質等因素的限制，該章也會探討當時的扮裝風氣，與先天後天扮演的問題。

　　第六章綜合各章的內容，討論本章第二節中所提出的問題，包括花譜中

　　　　　ed. Sabrina Petra Ramer（London and New York: Routledge, 1996）, 138～147.

〔註 51〕 Sophie Volpp, "Gender, Power and Spectacle in Late Imperial Chinese Theater," 138～147.

〔註 52〕 Sophie Volpp（袁書非），〈如食橄欖──十七世紀中國對男伶的文學消受〉，陳平原、王德威、商偉編，《晚明與晚清：歷史傳承與文化創新》（武漢：湖北教育出版社，2002），頁 291～297。

性別特質在性別史上的意義、花譜描寫與性別跨越、花譜描寫與同性戀，以及邊緣文人認同心態等問題，並思考本書研究主題的進一步發展方向。

第二章　花譜的時代、作者與文本性質

　　本章探討論文主要史料花譜的性質，從其時代脈絡、名稱、內容、作者，及發行狀況，了解以花譜觀察當時性別特質觀念時，所能展現的意義以及可能的限制。

第一節　花譜產生時代的北京戲劇界

　　本節探討花譜產生的歷史脈絡，作為描寫演員的文本，這裡探討清中葉北京戲劇界的幾個相關特點，包括純男性的演出、對男旦的狂熱以及打茶圍行業的盛行。

一、純男性演出的舞台

　　中國在明清以前，已有女性參與戲劇演出。目前已知在漢朝有女性參與演藝活動，但是否為專業演員則不確定；〔註1〕至唐代，明確出現了專職演戲的女演員，她們主要在宮中教坊中演出；〔註2〕宋代除了延續唐代的教坊女伶之外，開始活躍的民間戲班中也有女演員的演出；〔註3〕元代戲曲演出發達，《青樓集》一書即為書寫當時女演員的一本專書，由其書名使用當時指稱妓

〔註1〕　如《史記・貨殖列傳》中提及遊民女子為倡優，但參與的是有雜技性質的「百戲」，應也非專門的演員，見廖奔、劉彥君，《中國戲曲發展史》（太原：山西教育出版社，2000），頁71〜72。
〔註2〕　任半塘，《唐戲弄》（北京：作家出版社，1958），頁1038〜1045。
〔註3〕　譚帆，《優伶史》（上海：上海文藝出版社，1995），頁19；周貽白，《中國戲劇發展史》（臺北：僶勉出版社，1975），頁112〜113。

女的「青樓」〔註4〕來看，當時妓女與女演員之間的界限並不明確，但其中有不少女演員爲男性演員的妻子，而並非妓女。〔註5〕

明中葉至清初，是女演員廣爲活躍於舞台上的時代。明代戲班成爲社會中的一種職業團體，其成員包括許多女性，〔註6〕但女演員常出現的演出場合仍與男演員不同，是以私人性質的宴席爲主。〔註7〕另一方面，明代中後期崑曲興起流行，文人大量畜養私人家班，女演員在其中扮演了重要的角色，然而她們如同主人的私人財產，可供買賣饋贈，〔註8〕其性質常更類似於家妓。此外，明末清初的妓女們受時代風氣影響，亦多學習演唱崑曲，甚至登台演出。〔註9〕女性演員的活躍一直延續到清初。〔註10〕

到了清代，政府開始禁制女演員的活動。如康熙十八年時規定：「凡唱秧歌婦女及惰民婆，令五城君坊等官，盡行驅逐回籍，毋令潛往京城，若有無籍之徒，容隱在家，因與飲酒者，職官照挾妓飲酒例治罪；其失察地方官，照例議處。」〔註11〕康熙末年間編成的《定例成案合鈔》中，則有「今戲女有坐車進城遊唱者，名雖戲女乃於妓女相同，不肖官員人等迷戀，以致罄其產業，亦未可定，應禁止進城，如違進城被獲者，照妓女進城例處分。」〔註12〕其內容大致與清初實行禁止娼妓的禁令配合，禁止北京地區的各種賣唱演戲的女子，尤其禁止官員和她們私下來往，或收留在家。

〔註4〕 青樓一詞，原指青色高樓或顯貴人家，在唐朝時已開始可指稱妓女，如李白〈水軍宴司馬樓船觀妓詩〉：「對舞青樓妓，雙鬟皇玉童」，見彭定求等，《全唐詩》（北京：中華書局，1960），卷179，頁1829。

〔註5〕 夏庭芝，《青樓集》，楊家駱主編，《歷代詩史長編二輯》（臺北：中國學典館復館籌備處，1974），第二冊。

〔註6〕 王安祈，《明代傳奇之劇場及藝術》，（臺北：學生書局，1986），頁79～80、85～87。

〔註7〕 胡忌、劉致中著，《崑劇發展史》（北京：中國戲劇出版社，1989），頁155。

〔註8〕 胡忌、劉致中著，《崑劇發展史》，頁160～169；齊森華，〈試論明代家樂〉，見華瑋、王璦玲編《明清戲曲國際研討會論文集》，頁305～326；張發穎，《中國戲班史》（瀋陽：瀋陽出版社，1991），頁175～180。

〔註9〕 胡忌、劉致中著，《崑劇發展史》，頁158～160；王安祈，《明代傳奇之劇場及藝術》，頁88～94。

〔註10〕 例如清初的李漁還提出了一套關於女子應如何演戲的看法，見李漁，《閒情偶記》（臺北：臺灣時代書局，1975），卷7，頁160～163。

〔註11〕 王曉傳，《元明清三代禁毀小說戲曲史料》（北京：作家出版社，1957），頁20。

〔註12〕 王曉傳，《元明清三代禁毀小說戲曲史料》，頁26。

至乾隆年間，將禁令實行範圍進一步擴展至北京以外的地方。乾隆三十九年所編的《中樞政考》中：「在京在外，有將秧歌腳墮民婆土妓流娼女戲遊唱之人，容留在家，有職人員革職，照律治罪」；〔註 13〕另一乾隆年間編的《欽定吏部處分則例》中，則規定「民間婦女中有一等秧歌腳墮民婆及土妓流娼女戲遊唱之人，無論在京在外，該地方官務盡驅籍，若有不肖之徒，將此等婦女容留在家者，有職人員革職，照律擬罪。其平時失察，窩留此等之地方官，照買良爲娼，不行查例罪俸一年。」〔註 14〕與康熙年間的禁令類似，但實行的地區擴大。

這些禁令，因並非全面性而徹底地推行，許多地區如揚州、江南等地，仍有女演員的活動，〔註 15〕但這些禁令仍使得女性演員的活動由顯而隱，尤其在清代中期的北京，女演員完全被禁絕，也使這期間形成的京劇，完全沒有女演員演出的傳統。其中京劇一直要到清末光緒年間才出現女演員，在北京更是到民國元年才正式開放女演員登台。〔註 16〕

清中葉北京因禁制女演員所造成的純男性舞台，使得喜好色相的戲劇觀眾，轉而投入對男旦的喜好。

二、魏長生進京與對男旦的狂熱

清代的北京是全國的首都及最大都市。科舉制度下，每年有來自全國各地參加科考的士人，而商業的發達，也吸引各地的商人前來，其中大量的觀劇人口，使得各地戲班演員，常以進入北京演出成名爲其目標。

出身四川的秦腔男旦魏長生，即是這類由外地進入北京演出的演員之一。他曾在乾隆四十年（1775 年）第一次進京，但當時的演出不受歡迎而

〔註 13〕 王曉傳，《元明清三代禁毀小說戲曲史料》，頁 42。

〔註 14〕 王曉傳，《元明清三代禁毀小說戲曲史料》，頁 18。

〔註 15〕 例如在嘉慶年間的《揚州畫舫錄》即記載了揚州的女班，見李斗，《揚州畫舫錄》（北京：中華書局點校本，1960），卷 9，頁 203～204；而道光年間的《明齋小識》中記載江南女子演花鼓戲，見王曉傳，《元明清三代禁毀小說戲曲史料》，頁 219。但相較而言女演員的活動很少如明末清初那樣常提及，實際上女演員的活躍程度大不如前。

〔註 16〕 醒石，〈坤伶開始至平之略歷〉，《戲劇月刊》，3：1（1930），頁 1～2。晚清民國以後女演員的發展可參見張遠，〈近代城市京劇女演員（1900～1937）——以滬、平、津爲中心的探討〉（台北：台灣大學歷史學系碩士論文，2001）

離去，至乾隆四十四年（1779 年）再度進京演出，終於獲得北京觀眾的喜愛。〔註 17〕魏長生因其演出風格的新奇、大膽甚至多涉情色，而受到觀眾的注目。《燕蘭小譜》的作者吳長元，並不欣賞魏長生的「科諢、誨淫之狀」，但在撰寫《燕蘭小譜》的時候，仍將魏長生收錄，並追憶形容他演出時的盛況：「豪兒士大夫亦爲心醉」、「一時歌樓，觀者如堵。而六大班幾無人過問。」〔註 18〕可見其在北京所造成的影響力。

其對於風氣的影響，使得後來乾隆五十年朝廷規定「嗣後城外戲班，除崑、弋兩腔仍聽其演唱外，其餘秦腔戲班交步軍統領，五城出示禁止。現在本班戲子，概令改歸崑、弋兩腔；如不願者，聽其另謀生理。儻有怙惡不遵者，交該衙門查拏懲治，遞解回籍」，〔註 19〕藉由對整體花部劇種的禁制，將魏長生在內的秦腔演員驅逐出京。

雖然演出被禁，但魏長生已對北京劇壇，尤其旦行的演出造成影響。他引進了新的的演出技巧和裝飾，包括足部的踩蹻、修飾頭部的假髻、貼片子，並演出了《滾樓》、《烤火》、《背娃進府》這些帶有情色秦腔劇目，加上他個人的演出風格，都影響了北京的許多男旦，這種重視色相展現的演出方式，使得男旦在北京吸引了一批好色觀眾喜愛，人氣的聚集，也使得知名的旦角成爲各戲班的主要演員。〔註 20〕

其後徽班進京，雖使得南方而來的演員，取代西北與四川來的秦腔成爲主流，但未改變男旦在戲界的主流地位，這種旦角的狂熱，以及戲班以旦行爲首的情形，一直要到道光末到咸豐年間，程長庚爲首的鬚生三鼎甲出現之後才有所改變。〔註 21〕

么書儀對男旦的研究中，即將乾隆末魏長生進京以來的熱潮，視之爲與晚明和民國初年並列的三次男旦興盛時期。〔註 22〕這種觀眾對於男旦的喜好狂熱，是花譜得以興起的重要因素之一。

〔註 17〕馬少波等，《中國京劇史》，頁 40。

〔註 18〕安樂山樵，《燕蘭小譜》，卷 3，《清代燕都梨園史料》，頁 32。

〔註 19〕《欽定大清會典事例》，轉引自張次溪，《北京梨園掌故長篇》，收入《清代燕都梨園史料》，頁 884。

〔註 20〕么書儀，《晚清戲曲的變革》，頁 131～133。

〔註 21〕可參見田根勝，《近代戲劇的傳承與開拓》，頁 21～44。

〔註 22〕么書儀，《晚清戲曲的變革》，頁 125～134。

三、打茶圍與私寓制度

　　與乾隆以來禁女戲和男旦熱潮相應的，是清中葉北京戲劇界的打茶圍以及「私寓」（堂子）制度的興起。〔註23〕打茶圍是指男旦為了獲得報酬，在台上演出之外，陪伴客人喝酒吃飯助談等，之後則更進一步邀請客人至自己專門接客的私人寓所——「堂子」造訪，即所謂私寓。而演員與客人之間，除了吃飯來往之外，尚可能有進一步的性交易行為。〔註24〕

　　類似於打茶圍的風氣可追溯至晚明，當時的北京亦流行以稱作小唱的男童陪酒，或進行性交易。小唱與清代打茶圍業中的演員性質略有不同，他們雖然也會在私下表演唱曲，但並非正式登台演出，當時有句俗語是「小唱不唱曲」，顯示許多小唱只以色相為勝而不重唱曲能力，因此更接近於男娼而不是演員。〔註25〕除了公開營業的小唱之外，明末清初私人蓄養的家班優童之中，也與他們的主人之間有這種不對等的同性關係，〔註26〕這種蓄養優童的風氣一直持續到清初。〔註27〕

　　北京的小唱行業在明清鼎革之際一度因戰亂而衰落，但清代初期政府廢除官妓制度和禁制妓業，促進了男色喜好的需求，〔註28〕雍正年間對於家班的禁制，則抑制了明末清初私蓄優童的風氣，這些都有助於男旦從事打茶圍

〔註23〕關於清代此一制度已有較豐富的研究。包括么書儀，〈晚清戲曲與北京南城的堂子〉收入《晚清戲曲的變革》，頁148～230，以及王照璵，〈清代中後期北京「品優」文化研究〉，第三章。

〔註24〕王照璵，〈清代中後期北京「品優」文化研究〉，頁197～200。

〔註25〕王照璵，〈清代中後期北京「品優」文化研究〉，頁88～90。

〔註26〕么書儀，《晚清戲曲的變革》，頁155。

〔註27〕可參見吳存存，〈清代士狎優蓄童風氣敘略〉，《中國文化》，15、16期（1997），頁231～233。另如紀昀曾記載了士人購買優童的情形：「王蘭洲嘗於舟次買一童，年十三四，甚秀雅，亦粗知字義。云父歿，家中落，與母兄投親不遇，附舟南還，行李典賣盡，故鬻身為道路費。與之語，羞澀如新婦，固已怪之。比就寢，竟弛服橫陳，王本買供使令，無他念，然宛轉相就，亦意不自持。已而，童伏枕暗泣。問：『汝不願乎？』曰：『不願。』問：『不願何以先就我？』曰：『吾父在時，所畜小奴數人，無不薦枕席，有初來愧拒者，輒加鞭笞曰：「思買汝何為，憒憒乃爾。知奴事主人，分當如是，不如是，則當箠楚。」故不敢不自獻也。』王瞿然推枕曰：『可畏哉。』急呼舟人鼓楫。一夜，追及其母兄，以童還之，且贈以五十金。意不自安，復於憫忠寺禮佛懺悔，夢伽藍語曰：『汝作過改過在頃刻間，冥司尚未注籍，可無庸瀆世尊也。』」見紀昀，《閱微草堂筆記》（上海：上海古籍出版社，1984），卷6，頁117。

〔註28〕嚴明，《中國名妓藝術史》（台北：文津出版社，1992），頁132～134。

行業的發展，尤其乾隆五十五年徽班的進京，受南方相關風氣及演員特質的影響，使得打茶圍更加興盛，較完整的私寓制也得以建立。〔註29〕

打茶圍的相關活動，包括演員陪伴各種客人與之吃飯、陪酒、談天，除了可以在公開場合的飯莊、酒樓之外，也進一步形成較具私密性的私寓這種招待客人的空間。〔註30〕私寓又稱作「堂子」或相公堂子，是當時演員接待客人的場所，而這些招待客人的演員則被稱作相公。〔註31〕

而為了能有組織地經營此一行業，各私寓多發展為較有規模的組織。私寓的成員包括為首的經營者（一般稱作師傅）以及旗下的演員，師傅提供經營的場所環境，還要挑選、培養以及宣傳這些演員，也因此各私寓發展成為在近代科班出現之前，在北京培育演員的重要組織。〔註32〕

在打茶圍、逛堂子的風氣之下，戲劇觀眾不僅能在舞台下欣賞演員的色藝，更能在舞台下與喜好的演員見面、談天、交往，甚至發生性關係，許多觀眾更是醉翁之意不在酒，喜好演員更勝於對戲劇的觀賞。花譜的作者們，正是打茶圍業的顧客群之一，而正在這種的環境風氣之下，方能產生如花譜這樣特殊的評劇文體。

第二節　花譜一詞的起源與內容

本節探討花譜一詞的起源與指涉範圍、說明花譜的主要類別和內容特性，並簡介本書所使用的各部花譜。

一、花譜一詞的起源與指稱範圍

「花譜」一詞原指稱與花卉相關的書籍，最早在唐代已有類似的作品，而在宋代已確定有這樣的用法。

〔註29〕么書儀，《晚清戲曲的變革》，頁156。么書儀指出在南方演員進京前，京班年齡較高，陪酒的情形也較少，而徽班則多用年輕的男童，有助於促進此風氣的發展。另參見吳存存，〈清代相公考略〉，《中國文化》，14期（1996年），頁182～193。

〔註30〕王照璵，〈清代中後期北京「品優」文化研究〉，頁172～185。

〔註31〕吳存存，〈清代相公考略〉，頁182～193。

〔註32〕么書儀，《晚清戲曲的變革》，頁178～181。王照璵，〈清代中後期北京「品優」文化研究〉，頁115～137。

在宋代陳思的《海棠譜》中，提及「唐相賈元靖耽著百花譜。」〔註33〕可見在唐朝已將「花」、「譜」二字連用作爲書名；而宋代陳善《捫虱新話》〈詩評乃花譜〉一文中說：「予嘗與林邦翰論詩及四雨字句，邦翰云：『『梨花一枝春帶雨』句雖佳，不免有脂粉氣，不似朱簾暮卷西山雨』，多少豪傑。」予因謂樂天句似茉莉花，王勃句似含笑花，李長吉『桃花亂落如紅雨』似薔葡花。而王荊公以爲總不似"院落深沉杏花雨"，乃似闍提花。邦翰撫掌曰：「吾子此論不獨詩評，乃花譜也。」〔註34〕更明確地將花譜當作一個名詞，用來指稱品評花卉的著作。

此外，宋代范成大的詩〈寄題潭帥王樞使佚老堂〉：「瀼陽花譜勝洛下，竹西藥闌來海瀕。」元代方回的詩〈虛谷志歸〉則說到：「有筆修花譜，無錢闢草堂」。二者都是以花譜二字來指涉與花有關的著作。

進一步略述這些花譜類作品的實際內容。前述唐代賈耽的《百花譜》已佚失而不確知其內容；宋陳思《海棠譜》主要編錄前代各家描寫海棠的相關詩文；〔註35〕宋范成大的《菊譜》和《梅譜》爲他描寫菊花和梅花的詩文；〔註36〕明代末年的張謙德《瓶花譜》是一本插花的專著，全書分品瓶、品花、折枝、插貯、滋養、事宜、花忌、護瓶八節；〔註37〕清代余鵬年所著《曹州牡丹譜》則爲牡丹花的專著，研究描寫一百多種的牡丹。〔註38〕

至明朝晚期，花譜一詞開始借以代稱描寫評選妓女的著作。〔註39〕明末沈守正《雪堂集》〈雲娘行并敘〉：「予友沈千秋作花譜，以郝雲娘爲冠，評曰：不知秋色落誰家，又曰：粗服亂頭亦好。予見而慕之，復聞朱公朗述其艷美

〔註33〕陳思，《海棠譜》（百川學海叢書本），卷上，收入《叢書集成新篇》（台北：新文豐出版社，1985），44集，頁122。

〔註34〕陳善，《捫虱新話》，上集卷二，收入俞鼎孫、俞經輯，《儒學警悟》（香港：龍門書店，1967），頁183。

〔註35〕陳思，《海棠譜》，頁122～128。

〔註36〕范成大，《菊譜》（百川學海叢書本），收入《叢書集成新篇》，44集，頁113～114；范成大，《梅譜》，（百川學海叢書本）收入《叢書集成新篇》，44集，頁120～121。

〔註37〕張謙德，《瓶花譜》，收入《叢書集成新篇》，50集。

〔註38〕余鵬年，《曹州牡丹譜》（百川學海叢書本），收入《叢書集成新篇》，44集，頁101～105。

〔註39〕吳存存，〈梨園花譜——清中晚期北京男風盛行下的流行讀物〉，《中國性研究》，26（2007），頁9～24。

軼事，益令色飛，傳已從人，自分此生緣斷矣。」〔註40〕可看出其中的花譜一詞，是指品評妓女之書，文中所描寫的郝雲娘，則是當初在友人所撰的花譜中被品評為冠，而後嫁人的妓女。

在明末潘之恒的《亘史》中提到：「曾見《金陵名姬分花譜》，自王寶奴以下凡若，而人各綴一詞，切而不雅。」〔註41〕為以花譜二字為名的品評妓女著作。此外明末清初的著名評妓書籍如《板橋雜記》等，在當時也常慣稱作花譜。〔註42〕

到了清代中期，花譜開始指稱描寫演員的著作。在首部花譜《燕蘭小譜》中，書名以「譜」為名，且「蘭」即為一種花卉，〔註43〕但尚未明確使用「花譜」一詞。到了嘉慶八年成書的《日下看花記》序中，則出現「偶閱各種花譜，均未愜心」〔註44〕的說法，可見花譜一詞最晚在嘉慶初年的北京，已用於指稱譜錄品評演員的作品。

但花譜一詞的使用範圍並不明確。將事物並列描述的著作稱為「譜」，因而狹義而言，花譜僅指譜錄演員資料評論的著作，但廣義而言，各類當時與演員戲劇相關的著作都可稱作花譜。

在花譜類著作的相關研究中對相關用語的使用也不同。么書儀即將「花譜、花榜、咏花詩一類的刊刻物」統稱之為「花譜」或「花譜一類刊刻物」；〔註45〕Goldman 直接使用花譜（flower register）一詞指涉當時各類品評演員的著作；〔註46〕吳存存則稱之「梨園花譜」以有別於花譜的其他意義。〔註47〕王照璵則將這類著作統稱為「品優書籍」，以避開花譜一詞可能的含糊性。

本書中以梨園花譜作為全稱名稱，在行文中簡稱花譜，並採用花譜的廣

〔註40〕沈守正，《雪堂集》，卷1，收入《四庫禁燬書叢刊》（北京：北京出版社，2000），70 冊，頁 11～12。

〔註41〕該書目前已不傳，應為明嘉靖年間著作，引自王鴻泰，〈明清文人的女色品賞與美人意象的塑造〉，《中國史學》（京都），16 期（2006 年），頁 90。

〔註42〕吳存存，〈清代梨園花譜流行狀況考略〉，《漢學研究》，26：2（2008），頁 163～164。明末有大量文人評選妓女的活動。

〔註43〕其名稱很可能是來自對於清代描寫妓女的著作《海漚小譜》的模仿，關於《海漚小譜》見第五節中的介紹。

〔註44〕小鐵笛道人，《日下看花記》，〈自序〉，《清代燕都梨園史料》，頁 55。

〔註45〕么書儀，《晚清戲曲的變革》，頁 327。

〔註46〕Andrea S. Goldman, "Actors and Aficionados in Qing Dynasty Texts of Theatrical Connoisseurship," 2.

〔註47〕吳存存，〈清代梨園花譜流行狀況考略〉，頁 164。

義定義，除了譜錄演員的作品之外，也擴及各種當時與演員和戲劇界相關的評論記敘作品。

二、花譜的類別與內容簡介

如前所述，廣義的花譜涵括當時各種與演員及戲劇相關的作品，以下即按其主要內容特性區分為幾種類型，但實際上並非每部作品都只屬於一種類型，在一部花譜中常同時包括許多類型的內容。

一、以譜錄演員為主的花譜：前述狹義的花譜即指此類。亦即依照作者的想法觀點，選擇排比演員資料，並加上對於演員的描寫評論，以及一些題贈的詩詞，這類花譜數量最多，如《燕蘭小譜》、《日下看花記》、《聽春新詠》、《長安看花記》等。另外，也有部分花譜僅列出演員姓名和劇團，而沒有小傳和評論，如《法嬰秘笈》等。

二、筆記類花譜：以筆記的形式，介紹一些劇壇的佚聞掌故等，可用以了解當時北京與演員和戲劇相關的社會文化現象。如《夢華瑣薄》、《燕蘭小譜》第五卷等。

三、自敘類花譜：作者自敘與演員來往的情形，不以人物而以事件的描寫為主，這一類花譜的故事性較強，也較能深入觀察士人與演員的關係，如《辛壬癸甲錄》等。

四、贈詩詞：在多數花譜中都會收錄一些文人題贈演員的詩詞，但也有部分花譜，是以詩詞為主而少有其他內容，例如《片羽集》、《燕臺鴻爪集》等。

花譜依其主要內容，可如上分為幾個類型，但各類的花譜大都有一些共同的組成部分，包括序（含自序他序）、例言、跋等。其中序言常以駢文撰寫以展現作者文才；序、跋除了表現編寫者的撰寫緣起和觀點之外，也展現了觀戲社群內其他文人對該花譜的看法評論，例言則有助於了解作者評選演員的標準。

以下依成書年代，簡單介紹本書中主要運用的花譜：〔註48〕

一、安樂山樵（吳長元）《燕蘭小譜》，作於乾隆五十年，共五卷，內容包括第一卷詠演員王湘雲的詩詞、二到四卷的演員小傳評論，以及第五卷的梨園軼事和掌故。該作品為花譜的開山之作，造就此後該文體的形成。

〔註48〕相關研究中，潘麗珠，《清代中期燕都梨園史料評藝三論研究》及王照璵，《清代中後期北京「品優文化」研究》中都有專門章節介紹各部花譜著作。

二、鐵橋山人、石坪居士、問津漁者《消寒新詠》，作於乾隆六十年，內容共五卷，包括前二卷的演員評論、第三卷的評論詩，以及第四卷的小傳等。其特色是對於戲劇的評論多於一般的花譜。

三、小鐵笛道人《日下看花記》，作於嘉慶八年，共四卷，主要收錄的演員評傳及所贈詩詞，體例雖與之前的《燕蘭小譜》類似，但對於演員的形容和評論都較爲豐富。

四、來青閣主人《片羽集》，作於嘉慶十年，不分卷，主要收錄作者與友人給各演員的詩作，也有演員的譜錄和基本資料。

五、眾香主人《眾香國》，作於嘉慶十二年，不分卷，內容根據作者所認定演員的特質，區分爲豔香、媚香、幽香、慧香、小有香、別有香來分類羅列評論演員，這樣的分類方式使得演員的排比更具不同意義。

六、留春閣小史《聽春新詠》，作於嘉慶十五年,，共三卷，全書爲演員評傳及詩詞。以演員的所處劇班類別，分爲徽部、西部來介紹，其收錄人數在本書使用花譜中最多，內容也豐富。

七、半標子《鶯花小譜》，作於嘉慶二十四年，不分卷，按演員特性分類排比，但僅提供其基本資料與題贈詩詞，而沒有任何其他的描寫和評論。

八、播花居士《燕臺集豔》，又名《燕臺集豔二十四花品》，作於道光三年，不分卷，仿司空圖《詩品》，按演員特性分成二十四類作評傳以及詩詞，其評寫內容較少，分類的方式較令人注目。

九、華胥大夫（張際亮）《金臺殘淚記》，作於道光八年，共三卷。其中第一卷爲演員小傳、第二卷爲相關詩詞，第三卷爲梨園掌故。

十、粟海庵居士（楊翠巖〔註49〕）《燕臺鴻爪集》，作於道光十二年，不分卷，僅收錄贈演員詩作，而無評傳。

十一、蕊珠舊史（楊懋建）《長安看花記》，作於道光十六年，不分卷，內容爲演員評傳。至光緒十二年與以下的《辛壬癸甲錄》、《丁年玉筍志》、《夢華瑣簿》合輯爲《京塵雜錄》在上海出版。

十二、蕊珠舊史《辛壬癸甲錄》，作於道光十七年，不分卷，內容爲自述與諸演員之間的來往關係，對於文人演員關係有較細緻的描寫。

十三、蕊珠舊史《丁年玉筍志》，作於道光二十二年，不分卷，內容爲接

〔註49〕翠巖爲其字，該名是由 Andrea S. Goldman 所考證出，見氏著 "Actors and Aficionados in Qing Dynasty Texts of Theatrical Connoisseurship," 36～37.

續《長安看花記》之後的演員評傳。

十四、蕊珠舊史《夢華瑣簿》，作於道光二十二年，不分卷，內容主要爲梨園掌故。

十五、四不頭陀《曇波》，作於咸豐二年，不分卷，內容將演員分類爲九品，並分別有品評小傳和提贈詩詞，其中也記述文人與演員的來往。

十六、雙影庵生《法嬰秘笈》，作於咸豐五年，不分卷，內容僅爲所選演員的基本資料（年齡、籍貫、堂號）列表，而無任何其他描寫、評論以及提贈詩詞。

十七、蠐橋逸客、兜率宮侍者、寄齋寄生《燕台花史》，作於咸豐九年，不分卷，爲演員小傳及所贈詩詞。

這些目前所能見到的花譜作品，很可能僅是當時眾多花譜作品中的一小部分，在花譜或同時代筆記中都提及一些其他的同類作品，包括《判花小詠》、《判花偶錄》、《夢華外錄》、《續燕蘭小譜》等，但這些著作僅知其名而未能流傳至今。

第三節　花譜的作者與讀者

本節要探討的問題，包括花譜作者的身分、撰寫過程心態，以及花譜發行傳布的情形，藉以了解花譜作爲邊緣文人文化的一環，以及當時北京的通俗讀物，用來呈現性別特質建構有怎樣的意義。

由於花譜作者的署名，大都不用本名而是使用別號、室名等，因此不易考查他們的眞實姓名。目前已知其姓名或字的幾個作者，在前節的花譜介紹有標出名字，包括吳長元、張際亮、楊懋建、楊翠巖，以下簡介其生平背景。

《燕蘭小譜》的作者安樂山樵，本名吳長元，杭州人，客居京師十多年，曾參與書籍校訂的工作，另外著有描寫北京地景風物的《宸垣識略》。〔註50〕《金臺殘淚記》的作者華胥大夫，本名張際亮，福建建寧人，因在地方上考試成績優良，爲拔貢第一，並受知府姚瑩賞識，推薦入京，但朝考未過，且因爲個性太直，得罪朝廷權貴，因而屢次考試不中，待在北京三年不受重用，而有懷才不遇之感。〔註51〕《燕臺鴻爪集》的作者楊翠巖（翠巖爲其字，本

〔註50〕張次溪，〈著者事略〉，《清代燕都梨園史料》，頁24。
〔註51〕張次溪，〈著者事略〉，《清代燕都梨園史料》，頁 25.；華胥大夫，《金臺殘淚

名不詳）爲張際亮的同年，一起在福建通過鄉試，其他生平不詳。〔註52〕

《長安看花記》等四部花譜〔註53〕的作者蕊珠舊史，本名楊懋建，字掌生，十七歲在廣州學海堂受阮元知遇，後上京考試，本已列爲榜首，但卻因「卷字多寫說文違例」，被撤去了會魁成爲「報罷」（落榜），當時擔任會試副總裁恰是阮元，此事給予他的打擊甚大，兩年後再度考試仍未通過，在京數年之後又以「科場事遣戍」，發配湖南辰溪而離開了北京，科場事詳細經過不明。〔註54〕

其他清中期花譜的作者，目前未能考證出眞實姓名，但仍可由花譜的序和內文中了解他們的一些經歷。例如《消寒新詠》作者之一問津漁者「客京師，幾近十載，往來歲月，大半消磨於歌館中。」〔註 55〕《聽春新詠》的作者留春閣小史本爲吳人，「浪跡都門，寄情山水」，「長安萍寄，十有餘年。」〔註56〕《片羽集》作者來青閣主人自序「余遊長安，結習未盡，日與酒俱。」〔註57〕

整體而言，這些作者大多有一些共同點，包括出身於外地（尤以南方爲多），而後流寓於北京，其中許多是爲了考科舉而來，之後科考不順利，無法獲得進一步的功名（其中有些花譜作者是已通過鄉試有舉人頭銜，如前述的張際亮、楊懋建等），因而失意轉投向戲場。

明清時代以四書和八股文取士，造成科舉的準備與其他詩文的學習形成隔閡，兩者之間常不能並重，因此過於投入詩文的學習創作會被視爲「不務正業」，許多明清士人都曾面對在二者之間抉擇的難題。而明清科舉考試競爭的激烈，也使得許多讀書人因爲科舉的不順，轉而投入詩文的研習創作，並與同好往來以實現自我，而成爲文人社群的組成分子與文人文化的承載者。〔註58〕

記》,《清代燕都梨園史料》,頁 225。Andrea S. Goldman, "Actors and Aficionados in Qing Dynasty Texts of Theatrical Connoisseurship," 35。

〔註52〕 Andrea S. Goldman, "Actors and Aficionados in Qing Dynasty Texts of Theatrical Connoisseurship", p36.

〔註53〕《辛壬癸甲錄》、《長安看花記》、《丁年玉筍志》、《夢華瑣簿》四部，後集成《京塵雜錄》於光緒十二年在上海出版。

〔註54〕 么書儀,《晚清戲曲的變革》,頁 346～350。

〔註55〕 鐵橋山人等,《消寒新詠》,頁 71。

〔註56〕 留春閣小史,《聽春新詠》,《清代燕都梨園史料》,頁 152～153。

〔註57〕 來青閣主人,《片羽集》,《清代燕都梨園史料》,頁 121。

〔註58〕 可參見王鴻泰,〈迷路的詩──明代士人的習詩情與人生選擇〉,《中央研究院近代史研究所集刊》,50（2005），頁 1～54。此外文中也提到，一些文人是屬

　　花譜作者們的經歷和心態，與這些轉投向詩文創作的文人們類似，也是由於科舉功名追求的不順利而轉向其他興趣，但相較於所謂「不務正業」的詩文創作，與男旦來往撰寫花譜又更加不登大雅之堂。

　　撰寫花譜不登大雅之堂的心態，可從幾個方面看出。這類作品一般不見於文人的文集之中，而花譜作者匿名而以別號署名的現象，更顯示這種有些矛盾的心態。在餐花小史所寫的《日下看花記》後序中，他即幫作者小鐵笛道人解譯說「所以稱號者，以遊戲筆墨，知者自知，不必人人皆知。」〔註59〕可說是頗明白地表達了文人撰寫花譜的心態，亦即雖希望在戲劇圈內取得一定聲望，使「知者自知」，卻不希望讓圈子以外的人知曉。留寓北京的文人，因離家在外，脫離原本家鄉的生活圈，更不易讓親友等知曉其「不務正業」之事，因此也有利於他們於參與這類活動。

　　這種採用別號署名以隱匿真實身分的方式，雖然在其他可能視為不務正業的著作中也常出現，例如明末清初的名妓品評著作中，約有半數的作者是用別號署名，但其匿名比例仍不及花譜，也可見雖然作為文人文化的一環，文人們對於品花和撰寫花譜的自我定位不高，撰寫花譜社群在文人中的「邊緣性」程度更甚於其他文人社群。此外，匿名撰寫所反映的，是同一文人有可能在不同的場合，參與不同的文人社群，因而不希望其他社群的人知道他在撰寫花譜。

　　如上所述，由於花譜的這種特性，這些撰寫花譜的文人，明顯與其他主流的文人社群有所區隔，包括文壇知名文人，如乾隆時江南以袁枚隨園為中心的詩文交游社群，〔註60〕以及在獲得功名而仕宦的士人，如北京宣南士人社群等。〔註61〕本書雖然集中在他們心中所展現的性別特質研究，但也希望藉此對清代非主流邊緣文人的世界增加一些了解。〔註62〕

<hr>

於在科場官場上也很成功的人物，同時擅長詩文，可見士大夫和文人二個身分相異但也有重疊而不衝突。

〔註59〕　小鐵笛道人，《日下看花記》，〈後序〉，《清代燕都梨園史料》，頁109。
〔註60〕　見王標，《城市知識分子的社會形態：袁枚及其交游網絡的研究》（上海：上海三聯書店，2006）
〔註61〕　吳建雍，《北京城市發展史・清代卷》（北京：北京燕山出版社，2008），頁148～160；黃宗漢〈宣南文化研究概說〉，朱耀廷主編，《北京文化史研究》（北京：光明日報出版社，2008），頁111～125。
〔註62〕　關於邊緣文人的研究，周婉窈，〈綃山傳奇──賀雙卿研究之檢討與展望〉中，也探討了雍正乾隆年間，一群邊緣文人藉由才女賀雙卿相關的文本所構築的

　　以下進一步探討文人社群與花譜創作之間的關係，每部花譜雖有主要的作者（或編者），但一般並非全由一人創作，而是文人社群集體創作的成果。例如《燕蘭小譜》最初只是收集一群好友題贈演員王湘雲的詩，之後因作者吳長元的興趣，以及同好們的協助，逐漸累積其他介紹演員的資料發展而成。〔註63〕在內容中，也多處展現該書由社群共同創作的性質。例如：「吳大保……，友人昌黎生，見譜中未有題贈，大加駭異，謂遲詠一日則增一日罪過，乃賦四詩，以贖前愆，今而後可以消災延壽矣。」〔註64〕可見其初稿先在朋友間流傳，因此可隨時依照同好的意見增補修訂內容，《燕蘭小譜》這樣的創作過程，等於也促進了社群間的交流往來。

　　在其他花譜中，也同樣有共同參與創作修訂的情形。如《聽春新詠》中所收錄詩詞的作者，就超過三十人以上，除主要輯錄者留春閣小史外，尚有校訂者、參閱者等。其中天涯芳草詞人提到留春閣小史曾「以《聽春新詠》底本見示，并屬加墨。」〔註65〕其他花譜即使內容部分未必為眾人所作，也大多會有數名社群成員在書的序或跋中，展現他們對於該書的意見看法以及與作者間的關係。

　　除了個別花譜的集體創作之外，各部花譜之間，也有繼承、參酌、修改以及彼此較勁的關係。《日下看花記》的自序中提到：「客夏，偶閱各種花譜，均未愜心，其弊非專憑耳學，取擇冗汎，即偶目爾目成，因偏護短，……梨園月旦，花國董狐，蓋其慎哉。」〔註66〕他的好友餐花小史的序中則說：「非如《燕蘭小譜》諸書，滿口雌黃，畏人譏彈也。」〔註67〕可看出他們都對《燕蘭小譜》以及其他幾部花譜的品評標準不滿，因而有《日下看花記》的成書，並以「梨園月旦，花國董狐」這樣的公正角色自許。

　　在《聽春新詠》中，共同參與的天涯芳草詞人則說：「嘗閱《燕蘭小譜》《日下看花記》諸書，皆所重在人，題咏俱出一手，觀者每有掛漏之疑焉。小史此集，編珠排玉，專採詩詞，不為羣花強分去取，亦不為羣花強判低昂。

　　　　世界，見《新史學》，7：4（1996），頁159～197。尤其頁194討論到賀雙卿的相關文本中，可以反映的非主流讀書人所構築的世界。

〔註63〕安樂山樵，《燕蘭小譜》，〈弁言〉，《清代燕都梨園史料》，頁3。

〔註64〕安樂山樵，《燕蘭小譜》，卷4，《清代燕都梨園史料》，頁34。

〔註65〕留春閣小史，《聽春新詠》，〈徽部〉，《清代燕都梨園史料》，頁160。

〔註66〕小鐵笛道人，《日下看花記》，〈自序〉，《清代燕都梨園史料》，頁55。

〔註67〕小鐵笛道人，《日下看花記》，〈後序〉，《清代燕都梨園史料》，頁108。

余既喜其立意甚高，不落前人窠臼，且長安萍寄，十有餘年，集中諸人，相識過半。其性情嗜好，知之最深，實有出於小史聞見之外者。」〔註68〕即指出前二部花譜評斷主觀、缺漏過多的問題，因此《聽春新詠》一方面採用眾人的詩詞，不「強分去取」、「強判低昂」，以試圖改進這些缺點。

　　針對收錄品評不公的問題，《法嬰秘笈》的序中進一步指出：「向之為燕臺花譜者，憑臆妍媸，任情增減。壬癸之年以後，甲乙之籍更多。豈知雲臺煙閣，論功猶有未平；雪嶺墨池，逞筆何嘗足據？況乎月旦半類風聞，或尊嫫母而黜仍妃，或出劉蔡而入李郃。殊嫌蛇足之加，無當於事；倘召蛾眉之妒，轉取其愆。僕乃別出心裁，定為齒錄。百花皆採，莫笑蜂狂；一字不加，何嫌蠡測。」〔註69〕認為既然品評不公，乾脆不要加任何「蛇足」，只收錄演員基本資料。

　　相較於前幾則序中與先前花譜的針鋒相對，有些花譜則顯現出與較早作品的承繼關係。《長安看花記》的序言說「綴《鶯花小譜》《聽春新詠》《日下看花記》之後，與之別行」。〔註70〕雖也強調自身著作的特別之處，但用「綴……之後」表現出自己對於前代花譜的承繼。此外有一本伴蒼居士所著的花譜《再續燕蘭小譜》（已亡佚），從其書名可看到該作者在撰寫時希望承繼《燕蘭小譜》的想法。〔註71〕

　　整體而言，一部花譜的創作，通常是圍繞著一個觀戲文人的小社群而成，各個小社群之間，雖然對於演員戲劇的看法觀點不同，甚至會互相批評攻訐，但在花譜的撰寫中，他們在品評標準、撰寫體例、描寫手法等方面有所承繼、參照和互相對話，這樣的過程，才使得花譜成為一種類型的作品，而非僅是個別或少數文人的產物，因而其中所反映的想法和性別觀念，更值得作探討。

　　此外，從這些序中，也可進一步了解文人撰寫花譜的動機。一方面花譜的成書，常常因是同好間的興趣而發起，另一方面撰寫花譜者，希望在作品中展現自己的文才、品味以及對演員的了解，並且與其他的同類作品較勁交流，以獲得北京觀劇文人社群間的地位聲望。〔註72〕

〔註68〕留春閣小史，《聽春新詠》，〈弁言〉，《清代燕都梨園史料》，頁152。

〔註69〕雙影庵生，《法嬰秘笈》，《清代燕都梨園史料》，頁405。

〔註70〕蕊珠舊史，《長安看花記》，《清代燕都梨園史料》，頁303。

〔註71〕群玉山樵，《再續燕蘭小譜》序〉，收錄於小鐵笛道人，《日下看花記》，《清代燕都梨園史料》，頁110～112。

〔註72〕邊緣性文人因科舉上的挫折而轉向娛樂空間的類似情形，如明清時代文人在

以下進一步探討花譜的出版傳布與讀者。以往的花譜研究，包括么書儀的《近代戲曲的變革》以及吳存存〈清代梨園花譜流行狀況考略〉、王照璵《清代中後期北京「品優」文化》中，都曾討論花譜的流傳廣度、商業廣告的價值，以及對士優關係的影響等，這裡加以綜合探討。

如前所述，早期的花譜如《燕蘭小譜》，一開始時只是朋友與愛好者之間私下流傳的讀物。〔註73〕其後到嘉慶初年，花譜才漸成北京流行的讀物。〔註74〕雖然花譜中一些過於文雅的文字，應無法爲一般戲劇觀眾所了解，但作爲戲劇、尤其是演員的指南，對於喜好觀劇或僅是想「尋芳」的觀眾，仍有其實際的作用，〔註75〕因此花譜漸以手工傳抄以及刻印出版等不同的方式，在北京廣爲流傳。〔註76〕

花譜的發行數量有多少無法得知明確的數字，只能從當時一些描述性的文字來觀其大概。例如《長安看花記》出版之後，有「傳寫《看花記》，幾有洛陽紙貴之歎」的說法。〔註77〕其中雖可能有誇張之處，但可看出至少有一定的銷路，而不僅僅是在小團體間流傳。

花譜所記載的大多數爲北京劇壇的演員，因此主要也是在北京流傳，但也有部分外地的影響力。關於北京以外的影響，么書儀曾引用《丁年玉筍志》：「南海顏佩秋，以書抵余曰：『金麟歌喉獨出冠時，作者何以記不及此，得無遺憾耶』」，認爲花譜當時已遠銷南海，〔註78〕但該段文字更適當的解讀，應爲出身南海的顏佩秋在北京看到而非該書傳銷南海，因此無法由此論定《丁年玉筍志》有流傳到南方。但從另外從清末光緒年間上海還以《京塵雜錄》

妓院及其周圍形成的社群中，展現個人才華能力，參見王鴻泰，〈俠少之游——明清士人的城市交游與尚俠風氣〉，收入李孝悌編，《中國的城市生活》（台北：聯經出版社，2005），頁101～147。

〔註73〕吳存存，〈清代梨園花譜流行狀況考略〉，頁176～177。

〔註74〕吳存存認爲花譜是一種「流行讀物」，但又非所謂的大眾讀物，雖有一定的銷路，但因爲花譜的文字講求典雅，並非如一般小說戲曲那樣能讓一般大眾易懂，本書贊同這樣的看法，見吳存存，〈清代梨園花譜流行狀況考略〉，頁164～165。

〔註75〕如佚名，《燕京雜記》中說：「風流好事者撰《日下名花冊》，詳其里居，姓情，更繫以詩詞，如史體之傳贊，尋香問玉者，一覽已得之矣。間歲一登，可擬於縉紳便覽一書。」引自張次溪編，《北京梨園掌故長篇》，《清代燕都梨園史料》，頁898。即說明了花譜類著作對一般讀者的作用。

〔註76〕么書儀，《晚清戲曲的變革》，頁332～334。

〔註77〕蕊珠舊史，《丁年玉筍志》，《清代燕都梨園史料》，頁329。

〔註78〕么書儀，《晚清戲曲的變革》，頁329～330。

為名，集結收錄楊掌生的四種花譜出版來看，花譜的確並非限於北京一地的出版物。〔註79〕

關於花譜的發行和影響力，么書儀進一步指出對於演員和戲班來說，花譜具有類似商業廣告的宣傳效果，對於寫作文人來說，他們在撰寫花譜的過程中獲得金錢，並且藉此改變了原本士人仰望演員的形勢，使演員開始更重視士人這個客層。〔註80〕

花譜具有商業廣告性質和經濟利潤的根據，除了前面提到花譜有一定的發行量之外，一是刊行速度快，在《片羽集》、《眾香國》、《燕台集艷》等花譜的序中都提到如「友人急欲付梓」這一類的描述，因此判斷急欲付梓的一定是希望賺取利潤的書商。〔註81〕二是由《丁年玉筍記》中說的「此鄭榮潤筆金錢花也」一事。認為書商會給作者一筆類似版稅的收入，成為這類邊緣文人的收入之一。另外在《都門竹枝詞》中有一首描寫花譜盛況的詩句：「譜得燕蘭韻事傳，年年歲歲出新編。《聽春新詠》、《看花記》，濫調浮詞也賣錢。」〔註82〕也可看到花譜具有的商業價值。

吳存存也贊同花譜對於書商而言具有商業價值，但不認為文人撰寫花譜，對其經濟上的作用很大，主要的撰寫動機仍是在社群獲得聲望，而且因為花譜而建立的士優關係，並非單方面地使文人取得主動的優勢，而是演員和文人之間彼此利用的關係。〔註83〕

從一些花譜以及《品花寶鑑》中記載的士優關係中，士人的確常對演員發揮了一定的影響力，包括對於評劇標準以及伶人文化素養的提昇等。〔註84〕然而，花譜是由文人所撰寫，因此很可能將士優之間的關係浪漫化理想化，並特別強調演員「仰望」士人的一面，雖然可以藉此觀察花譜對演員可能產生的作用，但並不能因此確信其根本上改變了實際上的士優關係。

從另一個側面來觀察，在文人所寫的花譜中，也提及了不屬於自身群體

〔註79〕么書儀，《晚清戲曲的變革》，頁346。
〔註80〕么書儀，〈楊掌生和他的《京塵雜錄》——兼談嘉、道年間的「花譜」熱〉《中國戲曲學院學報》，25：1（2004），頁60～65；么書儀，〈試說嘉慶、道光年間的「花譜」熱〉，《文學遺產》，2004：5，頁96～106。
〔註81〕么書儀，《晚清戲曲的變革》，頁333。
〔註82〕路工編選，《清代北京竹枝詞》（北京：北京出版社，1962），頁39。
〔註83〕吳存存，〈清代梨園花譜流行狀況考略〉，頁173～178。
〔註84〕王照璵認為文人美學品味藉由花譜的影響力擴散，甚至在某個程度上成為「梨園主宰」，見氏著，〈清代中後期北京「品優」文化研究〉，頁238～253。

的「豪客」的存在（詳述見下節）。也就是說，文人即使能靠花譜發揮其影響力，不免在金錢財力等方面不及他們，畢竟演員私寓的本業仍以賺錢為目的，雖然文人撰寫花譜能發揮宣傳的效果，但不代表演員必須完全仰賴文人，願意花大錢的「豪客」可能反而更受演員歡迎。

　　整體而言，花譜的確在文人社群之外，擁有一定的讀者，其中還包括部分能識字的演員。雖然花譜對於文人以外的觀眾而言，其閱讀的重點很可能不在這些文人式的評論描寫，而是作為便於按圖索驥聽歌尋芳的重要指引，但至少作為讀者，他們仍因此接觸了花譜中的文字，因此其中所反映的性別觀念，不僅僅是文人社群中間的封閉產物。

第四節　花譜中的他者塑造

　　如第三節中所述，花譜各部作品之間有傳承以及彼此競立的關係，而文人撰寫花譜時，則追求在自身社群中的聲望地位。本節則將進一步論述，雖然在文人的描寫中，稱頌演員並浪漫化士優關係，但文人仍延續中國傳統中認為演員低下的看法，不時顯露出自身與演員之間的差異。此外，文人也在花譜中強調自身的品味和風雅，來區分自身與同愛好演員的所謂「豪客」。也就是說，花譜是從文人出發產生的事物，其中對於演員的描寫，並無法展現演員本身的主體性，而是一種他者塑造。

　　傳統中國的演員地位低下，至清代仍然如此。雖然雍正元年廢除賤民，使得他們在身分上得到解放，成為良民，〔註85〕但優伶在各方面仍受到不平的待遇。例如演戲及賣唱之人及其子孫不得應考科舉，〔註86〕亦不許捐官，〔註87〕這二種在傳統社會中可使社會地位上昇的兩種方式都受到阻斷，反映了優伶的地位仍舊低落。

　　在法律上，演員也被視為低賤而有不公平的待遇。如在《刑案匯覽》中，

〔註85〕田仲一成編，《清代地方劇資料集（一）華北篇》（東京：東京大學東洋文化研究所附屬東洋學文獻センタ，1968），頁19。

〔註86〕田仲一成編，《清代地方劇資料集（二）華中・華南篇》（東京：東京大學東洋文化研究所附屬東洋學文獻センタ，1968），頁27。

〔註87〕田仲一成編，《清代地方劇資料集（二）華中・華南篇》，頁36。另《金台殘淚記》中記載「嘉慶間，有旦色某郎，入資為縣令，曾官某郡。後為巡撫顏公以流品卑污參革遣。」華胥大夫，《金臺殘淚記》，卷3，《清代燕都梨園史料》，頁243。

有記載優伶威逼人致死，當局以「優伶下賤，恐嚇平人致死，情殊可惡」，因此加重處罰；〔註88〕反之，優人被人強迫雞姦，卻因其「係屬優人，亦難與良人子弟並論」，因此犯人罪減一等。〔註89〕

演員受到輕賤，而清中葉作爲私寓業一環的旦角演員更倍受輕視。雖然許多知名的相公收入甚高，且受到客群的喜愛，但仍普遍受到社會輕視。如《品花寶鑑》中演員蘇蕙芳就自道「就一年有一萬銀子，成了大富翁，又算得什麼，總也離不了小旦二字。」〔註90〕即述說了作爲小旦被輕視的無奈。另外「嘉慶間，御史某車過大柵欄，路壅不前，見美少年成群，疑爲旦色。叱之。群怒，毀其車。」〔註91〕其中不論是誤認人爲旦的御史，以及被誤認爲旦而生氣的人，都認爲旦色是低下的。

在明清男男關係的幾部研究中，指出了明清的男男關係，並非現代所認知的對等同性戀關係，而是不同階層的人之間的來往，有其高下之分。〔註92〕清中期的相公與客人之間的關係，雖然在個別情況下，也有平等來往的特殊例子，且文人們常以「情」的描寫來強調文人和演員之間，是出於兩情相悅的平等來往關係，其中尤以《品花寶鑑》中的士優關係描寫爲然，但仍然不能掩蓋階層上的差異，以及演員常需藉交往來獲取金錢實利的事實。〔註93〕從陰陽的觀點來看，花譜中的演員們，雖然在生理性別上同爲男性，但因爲階層的差異，而在男男關係中，居於「陰」或「女性」的一面，而撰寫花譜的文人們，則居於「陽」的一面。

實際上花譜中的描寫，可看出相較於文人群體之間平等的友誼關係，將演員視作非屬同類的他者，這使得花譜中所描寫的，更多的是文人對「他者」的凝視和想像建構，而非具主體性的人物。

Sophie Volpp 曾探討十七世紀的演員書寫中，所展現的士優關係：「男伶

〔註88〕田仲一成編，《清代地方劇資料集（一）華北篇》，頁7。

〔註89〕田仲一成編，《清代地方劇資料集（一）華北篇》，頁35。

〔註90〕陳森，《品花寶鑑》，44回，頁563。

〔註91〕華胥大夫，《金臺殘淚記》，卷3，《清代燕都梨園史料》，頁250。

〔註92〕包括吳存存，《明清性愛風氣》以及 Martin W. Huang, "Male Friendship in Ming China: An Introduction," *Nan Nü* 9:1（2007）: 24～25。

〔註93〕雖然也有作者認爲二者的差異是光譜式而非截然二分的關係。如 Giovanni Vitiello, "Exemplary Sodomites: Chivalry and Love in Late Ming Culture," *Nan Nü* 2:2（2000）: 207～257.但這樣的看法，仍顯示彼此的階層的差異是存在的。

作爲一種奢侈品，乃與精美陶瓷、書畫、古銅器物一道，在文人士子間交換流通。人與物、個別的男伶與整個梨園，竟同時成爲友朋同儕間的饋贈之物，或遺留後輩、進行買賣。男伶作爲一種奢侈品，其文化名聲，取決於一套非常精密的有關欣賞的話語。」〔註 94〕即指出從當時的演員書寫中來看，這些演員是作爲文人所擁有和用以欣賞的「物」，而非具主體性的人。

在清代中葉，演員不再如明末清初時常作爲私人財產，因而不能直接將演員作爲贈送之物，但花譜中仍不時會透露自身與演員之間的差異、對於一般演員的輕視，以及在花譜中自居爲品賞主體的一方。例如在《曇波》中講到：「眼底珍奇，操鑑衡而自定。作梨園主宰，居然榜列珠宮；爲菊部平章，和異才量玉尺。經品題而增價，留姓字以馨。」〔註 95〕展現出將演員作爲被品賞的客體，強調自身作爲「主宰」及品賞主體的一方。〔註 96〕

而《燕蘭小譜》中描寫演員桂林官：「玉貌翩躚，溫文閒雅，絕不似樂部中人。喜書史，能舉業，亦善畫蘭，駸駸乎有文士之風。戊戌春，予過友人寓，與之同飲，不知其爲伶也。」〔註 97〕其中雖然稱讚桂林官有文士之風，但「不似樂部中人」、「不知其爲伶也」，即同時認定一般的演員和自身之間有明顯區隔。

《消寒新詠》則從出身以及道德的層面來批評演員及其與自身的差異：「世人最不可交者，梨園子弟也，彼雖出身微賤，自少而壯，罔知稼穡艱難。衣極華，食極其美，珠玉錦繡極其欲，其果力之所致歟？要不過以媚骨諂逸寂人之物而不覺耳。墮其中者，見則生憐。傾囊而與，猶恐不得其歡心，是以悟之者鮮。」〔註 98〕直指出多數演員因其出身，造成善於媚人而不可深交。

除了文人與演員之間的階層差異之外，花譜中更試圖強調文人自身與「豪客」〔註 99〕、「俗客」之間的差異，文人藉由演員書寫評論，建構出文人與豪

〔註 94〕Sophie Volpp，〈如食橄欖：十七世紀中國對男伶的文學消受〉，收入陳平原、王德威、商偉編《晚明與晚清：歷史傳承與文化創新》（武漢：湖北教育出版社，2002），頁 291～297。

〔註 95〕四不頭陀，《曇波》，《清代燕都梨園史料》，頁 386。

〔註 96〕文人自居於品優文化主宰的討論，亦可見王照璵，〈清代中後期北京品優文化研究〉，頁 251～253。

〔註 97〕安樂山樵，《燕蘭小譜》，卷 4，《清代燕都梨園史料》，頁 38。

〔註 98〕鐵橋山人等，《消寒新詠》，卷 4，頁 84～85。

〔註 99〕所謂的豪客多半在財力上較爲雄厚，可能包括富商、官員、權貴等在內。見王照璵，〈清代中後北京期品優文化研究〉，頁 140～144。

客、自身與流俗的二分。〔註100〕藉由這種區分我群、他群的方式，建構形塑自身形象、品味，和士人社群的自我認同。

文人所建構的自身與豪客之間最大的區別，一在於「情」「色」與「淫」、「欲」、之分，二在彼此的品味差異。文人自認基於「才」、「藝」、「色」等的欣賞品味，並以「情」為基礎，來建立與演員間的關係，而豪客或一般流俗則是基於色欲，與演員建立金錢與肉體上往來的關係。〔註101〕

小說《品花寶鑑》中的描寫，是這種二元建構最清楚明顯的展現。故事中以田春航為首的文人，與奚十一作為代表的豪客，就呈現這種強烈的對比，前者強調與所喜愛演員之間互敬互愛的感情交流，且來往時重視文化品味，後者則以金錢權勢追求色慾。

花譜中雖然沒有如小說中那樣直接的形象呈現，但藉由演員的描寫評論，間接形塑了這樣的區隔。例如《燕蘭小譜》中介紹羅榮官和施興兒：「二人于曲藝未嫻，梨園中只堪作坐部伎耳，然豪客徵歌，屢為契賞。『如意館中春萬樹，一時齊讓鄭櫻桃』，何必藉歌舞以樂少年耶？狡童之詩，吾為若詠，於戲風斯下矣。」〔註102〕對於習藝不精，只會靠外貌吸引豪客的演員加以批評，亦即同時展現對於這些豪客的不齒。

張喜兒、楊寶兒「年俱十五，其技似鶯雛學語，尚未成聲。而『荳蔻稍頭二月初』，豪客于焉矚目。『婉兮孌兮，總角丱兮』。吾為二兒慨然也。嗟乎！兩省伶工都下素無聞者，今惟二童子爭妍競媚，誰歟為雌媒者耶？習俗之染人一致斯歟。」〔註103〕亦藉由對演員的描寫，批評豪客靠著自身財力來親近演員，造成一些演員只會迎合他們。

花譜偶爾也直接記述一些豪客的不良行為，並表露不齒。如《燕蘭小譜》記載「天香子寓中有豪客數人，留連半日，抵暮而散，酒後兼有朱提之約。次日家僮不憤，幾乎致訟。有大力者以白簡嚇之，諸人始為斂息。而大力者亦負螳螂捕蟬之誚焉。余曰：『歐陽子云「酒黏衫袖重，花壓帽簷斜」。斯時，

〔註100〕這部分在王照璵，〈清代中後北京期品優文化研究〉中也有探討，見頁200～203。

〔註101〕在明清文人品評妓女的文化中，亦有類似的將好色與好淫區分的論述方式。見王鴻泰，〈明清文人的女色品賞與美人意象的塑造〉，頁89～94。

〔註102〕安樂山樵，《燕蘭小譜》卷3，《清代燕都梨園史料》，頁30。

〔註103〕安樂山樵，《燕蘭小譜》卷3，《清代燕都梨園史料》，頁30。

軍流以下罪名亦胡勿爲是，可爲諸人針砭矣。』」〔註104〕又記載「近時豪客觀劇，必坐于下場門，以便與所歡眼色相勾也。而諸旦在園見有相知者，或送菓點，或親至問安，以爲照應。少焉歌管未終，已同車入酒樓矣。鼓咽咽醉言歸，樊樓風景于斯復睹。」〔註105〕「貴人於交中軸子始來，豪客未交大軸子已去。」〔註106〕這些描寫指出並批評豪客不懂戲劇，只想藉由看戲接近有美色的演員。

除了對豪客行徑的描寫批評，文人在花譜中也強調自身的風雅以及對演員的正面影響。如《日下看花記》中提到「諸郎中或以趣勝，或以韻勝，不名一格，總以不沾塵俗、有儒雅氣者爲可意。自朗玉而下，頗有喜近名流、結緣翰墨者，則慧種仙根，當是蓮花化身，不落蟲沙劫內矣。如張郎者，色藝豈必人所絕無，而一經品題，頓增聲價，吹噓送上，端賴文人。此逢人誦白傅之詩，壽世寶坡仙之句，山樵又別具隻眼，有眞賞識者存也。花信編既未果傳，則《花記》採擇，敢因長物而遺頷下之寶乎？」〔註107〕一方面讚賞有文人氣息的演員，一方面強調文人對於演員身價的提振之功。

又如《聽春新詠》中一段對私寓的描寫：「寓居櫻桃斜街之貴和堂，座無俗客，地絕纖塵，玉軸牙籤，瑤琴錦瑟。見者正不得以菊部目之。或茶熟香清，或燈紅酒綠。盈盈入室，脈脈含情。花氣撩人，香風扇坐。即見慣司空，總爲惱亂。擬諸巧笑之章，尚嫌未盡。冠彼擷香之冊，夫豈偶然。」〔註108〕藉由稱讚貴和堂中文人與演員聚會的典雅高尚，來顯示自身品味與俗客的不同。

整體而言，我們可以看到文人在花譜中形塑了「豪客」、「時好」、「俗客」與文人社群之間的差異，文人由於對演員的欣賞以及不時的仰望，與對於財力上更有力的所謂豪客的焦慮，藉由在花譜中的形塑，區分並定位自身在戲劇圈子中的位置。

綜合本節所探討，文人一方面如同社會對演員的賤視，將演員視爲與自身階層位置不同的他者，並不時在花譜中透露自己高於演員一等的位置；另一方面則爲了強調自身的品味以及與豪客的差異，浪漫化了與演員之間的關係，強調一種平等的、非身體慾望的，與以情爲主的關係。

〔註104〕安樂山樵，《燕蘭小譜》卷5，《清代燕都梨園史料》，頁45。
〔註105〕安樂山樵，《燕蘭小譜》，卷5，《清代燕都梨園史料》，頁47。
〔註106〕華胥大夫，《金臺殘淚記》，卷3，《清代燕都梨園史料》，頁250。
〔註107〕小鐵笛道人，《日下看花記》，卷2，《清代燕都梨園史料》，頁73～74。
〔註108〕留春閣小史，《聽春新詠》，〈徽部〉，《清代燕都梨園史料》，頁160。

這兩種心態的結合，使得花譜中所形塑的演員特質，一方面是從文人自身出發，加諸於低於自身階層者的想像；另一方面又試圖將自身品味喜好，以及本身階層的理想性別特質投射於其上，因此其中所展現的性別特質是一種交雜著多種階層的性別形塑。這樣的描寫形塑，只是一種從文人自身出發的想像，而無法代表演員自身的想法，雖然花譜的描寫方式也會對部分演員造成影響，〔註109〕但到底演員是眞正認同這樣的理想，或者僅是表面刻意迎合於文人的想法，則無法確知。〔註110〕

第五節　花譜的書寫傳統：前代的演員及妓女書寫

如前幾節所述，花譜對演員的描寫，一方面爲清中葉北京戲劇界特定時空的產物，一方面反映了文人所形塑的一套品味和想法。然而作爲一種新的文類，花譜也參照或承繼前代的書寫演員妓女著作，本節即藉由介紹這些作品，說明花譜在撰寫手法、文字運用，以及對於性別特質的想像上，與這些作品的關係。〔註111〕

從清代花譜的開山之作，吳長元《燕蘭小譜》的弁言中，可觀察到花譜承繼參照前代作品的線索。作者吳長元提及他之前的幾部相似作品，〔註112〕並分爲兩個系譜，一是書寫演員的著作，例如元代的《青樓集》以及明代的《優童志》；〔註113〕二是所謂的「識豔之書」，包括唐代《南部煙花錄》、《北

〔註109〕王照璵，〈清代中後期北京品優文化研究〉，頁238～253。也探討了文人品味對於演員和其他觀眾的影響。

〔註110〕Susan Mann 也提到盛清時代的女性傳記，常常是男性凝視（male gaze）的產物。與花譜有所不同的是，女性傳記用來建構理想女性的想像，花譜則透過演員，想像更多樣的性別特質，見 Susan Mann, *Precious Records: Women in China's Long Eighteenth-century*, 3.男性凝視的概念，由 Laura Mulvey 於1975年提出，用以分析好萊塢電影中，因爲由男性觀眾的視角出發，而使得女性的聲音被忽視，只是在電影中被觀看的對象，見 Laura Mulvey, "Visual Pleasure and Narrative Cinema," *Screen* 16:3（1975）：6～18。

〔註111〕過去的花譜研究中，以 Andrea S. Goldman 對於這一層面作了較多的討論，他認爲花譜承繼了過往的名妓書寫，以及相關時空的想像，在描寫及修辭方式上也都受到影響。參見 Andrea S. Goldman, "Actors and Aficionados in Qing Dynasty Texts of Theatrical Connoisseurship," 11～23.

〔註112〕其意圖本爲藉著展現與同類著作的相異性質，來彰顯「燕蘭譜之作，可謂一時創見」，但可反映他心目中什麼是重要的類似作品。

〔註113〕安樂山樵，《燕蘭小譜》，〈弁言〉，《清代燕都梨園史料》，頁3。

里志》，明末的《青泥蓮花記》、清初的《板橋雜記》以及與花譜時代相近的《海漚小譜》。〔註114〕以下即主要以這兩條線索爲主軸所作的討論。

　　元代的戲曲活動發達，《青樓集》爲此背景下誕生的一部作品，〔註115〕也是中國書寫演員的重要創始之作，其書寫方式與清代梨園花譜的關連也較密切，這裡作較詳細的介紹。

　　《青樓集》的作者夏庭芝，〔註116〕華亭（今上海松江）人。生於元仁宗延佑（1314～1320）年間，卒于明初。生平不詳，只知其家藏書豐富，並結識許多同好戲曲的文人，如張擇、朱凱、朱經、鍾嗣成等人。〔註117〕《青樓集》一般認爲成書於元至正十五年（1355），全書1卷，記載了元代大都、金陵、維揚、武昌、山東、江浙，及湖廣等地的藝人一百一十餘人的事蹟。描寫的對象大多爲女性演員，少數男性演員是附在女性演員之後介紹，主要是女演員的丈夫或其他親人。

　　雖然吳長元認爲《青樓集》爲書寫女旦之書，其內容重點也在她們的演出以及相關劇目，但她們的身分爲演員，或爲擅長演戲的妓女，則無法確定。該書以傳統描寫妓女的「青樓」一詞爲名，書中的〈青樓集誌〉也同時提到了「女伶」和「歌舞之妓」二詞，〔註118〕內文中亦常以「名妓」來稱呼描寫對象，這些都顯示當時女妓女優的區分並不明確，〔註119〕並反映妓女也在戲劇演出中扮演重要角色。〔註120〕但儘管不見得能明確區分優妓的身分，該書

〔註114〕安樂山樵，《燕蘭小譜》，〈弁言〉，《清代燕都梨園史料》，頁3。

〔註115〕關於《青樓集》中所反映的女演員的生活，可參見張斐怡，〈女性表演者也留名青史——元代《青樓集》一書中所反映的歌妓生活〉，《婦研縱橫》，72（2004），頁80～85。

〔註116〕早期根據《青樓集》說郛本上的題名，一般認爲作者爲元代黃雪簑（例如吳長元在《燕蘭小譜》亦如此認定），後來吳曉鈴在1941年的《〈青樓集〉撰人姓名考辨〉中考證出作者姓夏，名庭芝，號雪簑，《星島日報·俗文學副刊》，1941年第29期。

〔註117〕夏庭芝，〈青樓集提要〉，《青樓集》，頁3。

〔註118〕夏庭芝，《青樓集》，頁7。

〔註119〕女優和妓女間的模糊界限一直持續到清代，參見王曉傳，《元明清三代禁毀小說戲曲史料》，頁83；亦可參見Colin P. Mackerras著，馬德程譯，《清代京戲百年史（1770～1870）》（台北：中國文化大學，1989），頁81～82。譯自Colin P. Mackerra, *The rise of the Peking Opera, 1770～1870: Social aspects of the Theatre in Manchu China*（Oxford: Clarendon Press, 1972）。

〔註120〕相較於宋金時期，樂妓在元代雜劇演出中，開始扮演了重要的更重要的角色。見王寧，《宋元樂妓與戲劇》（北京：中國戲劇出版社，2003），頁148～156。

仍是以她們作爲演員的身分爲主軸來撰寫，如作者友人張擇就說「青樓集者，紀南北諸伶之姓氏也。」〔註121〕可以體現這部著作的創作核心。

其次介紹《青樓集》中對女演員的描寫，主要包括以下幾個方面：

1、演戲唱歌藝能：亦即「藝」的描寫，爲描寫女演員最多的方面。如李芝儀「工小唱，尤善慢詞」〔註122〕、金炎兒「搊箏合唱，鮮有其比。」〔註123〕正看出作者重視她們在戲劇表演和音樂等方面的才藝，對於演戲的重視，可以區隔《青樓集》與描寫妓女的筆記類作品，而使之與花譜較爲接近。

2、文才：如梁園秀「喜親文墨，間吟小詩，亦佳。」〔註124〕、張怡雲「能詩詞」〔註125〕等。

3、特定女性類型的比擬：如天然秀「豐神韶雅，殊有林下風致。」〔註126〕李眞童「綽有閨閣風致。」〔註127〕

4、談吐反應氣質：如張怡雲「善談笑」〔註128〕、曹娥秀「賦性聰慧」〔註129〕、順時秀「姿態閑雅」〔註130〕、小玉梅「資性聰明」〔註131〕等等。

5、外貌：如小玉梅「姿格嬌冶」〔註132〕、聶檀香「姿色嫵媚」〔註133〕、南春宴「姿容偉麗」〔註134〕、賽天香「玉骨冰肌」〔註135〕等等。

這些書寫女演員的方式及重點，〔註136〕都在清代的花譜中有進一步的延

〔註121〕夏庭芝，《青樓集》，頁6。
〔註122〕夏庭芝，《青樓集》，頁35。
〔註123〕夏庭芝，《青樓集》，頁36。
〔註124〕夏庭芝，《青樓集》，頁17。
〔註125〕夏庭芝，《青樓集》，頁17。
〔註126〕夏庭芝，《青樓集》，頁23。林下風致是以晉代才女謝道蘊爲喻，第三章會作進一步的討論。
〔註127〕夏庭芝，《青樓集》，頁35。
〔註128〕夏庭芝，《青樓集》，頁17。
〔註129〕夏庭芝，《青樓集》，頁18。
〔註130〕夏庭芝，《青樓集》，頁20。
〔註131〕夏庭芝，《青樓集》，頁30。
〔註132〕夏庭芝，《青樓集》，頁30。
〔註133〕夏庭芝，《青樓集》，頁21。
〔註134〕夏庭芝，《青樓集》，頁22。
〔註135〕夏庭芝，《青樓集》，頁32。
〔註136〕杜桂萍認爲《青樓集》不僅是對於女演員色藝、文才、性情各方面有所重視，

續發展，第三、四章中各個相應的章節會作進一步的討論。

在書寫女演員的《青樓集》之後，《燕蘭小譜》提及了描寫男優的《優童志》，並評論爲「惜名不雅馴，爲通人所誚。」〔註137〕該書是明末描寫男性優童的一部著作，反映了晚明喜好男色，尤其年輕男性演員「小唱」的情境。〔註138〕但這本書已亡佚，只在《四庫全書總目》中留下書名和簡介：「《優童志》一篇，尤過於放誕風流矣。」〔註139〕另在清代俞樾《九九銷夏錄》中提到該書：「北里有志，教坊有記，大率爲青樓中人而作耳。若鄭櫻桃、周小史一流人，未有彙萃成書者。明陳泰交有《優童志》一卷，於是白嘗同蹠，別開生面矣。」〔註140〕將之視爲與妓女書寫相對、描寫美男〔註141〕的開創著作。因其內容和描寫方式不明，無法確定其與花譜之間的關係，以下介紹另二部明代書寫演員的重要著作。

明代書寫演員的著作中，較著名的是明代後期、嘉靖年間劇評家潘之恒的《鸞嘯小品》及《亘史》（二本著作所收錄的篇章部分重複），花譜中雖未提及潘氏著作，但實有可參照之處。《鸞嘯小品》及《亘史》頗重男女演員的形象描寫，多爲當時盛行的家班演員。

潘之恒的作品是目前所見較早的男旦書寫。如描寫男演員何文倩「姿態既婉麗，而慷慨有丈夫氣。」〔註142〕另一男演員潘鋻然「旦色純鋻然，慧心人也。情在態先，意超曲外。余憐其宛轉無度，於旋袖飛踢之間，每爲蕩心。」〔註143〕雖然這類個別演員的描寫不多，但與花譜中男旦的描寫方式，以及性

且進一步由這些才能特質的描寫中，展現了「名角」的意識想法。參見氏著，〈色藝觀念、名角意識及文人情懷——論《青樓集》所體現的元曲時尚〉，《文學遺產》，2003 年 5 期，頁 97～104。

〔註137〕安樂山樵，《燕蘭小譜》·〈弁言〉，《清代燕都梨園史料》，頁 3。

〔註138〕小唱如第二節中所討論，並非嚴格意義下的演員，而以唱曲和陪侍爲主。

〔註139〕紀昀，《欽定四庫全書總目》（台北：台灣商務印書館，1983），別集類存目 7，頁 27。

〔註140〕俞樾，《九九銷夏錄》（北京：中華書局，1995），卷 12，頁 139。

〔註141〕周小史爲晉代著名的美男子。鄭櫻桃爲後趙石虎所寵幸之人，其實際性別爲何尚有爭議，見張在舟，《曖昧的歷程：中國古代同性戀史》（鄭州：中州古籍出版社，2001），頁 164～166。但在清代的花譜中均視爲貌美男性優童的代表，例如唇橋逸客等著，《燕臺花史》中有詩「燈前軟舞拋檀板，酒後雄譚說寶刀，菊部佳伶推幾輩，當行不數鄭櫻桃。」見《清代燕都梨園史料》，頁 1066。

〔註142〕潘之恒，〈贈何文倩〉原載《鸞嘯小品》，卷 3，收入潘之恒原著，汪效倚輯注，《潘之恒曲話》（北京，中國戲劇出版社，1988），頁 232。

〔註143〕潘之恒，〈贈潘鋻然〉，《鸞嘯小品》，卷 3，收入氏著，《潘之恒曲話》，頁 232。

別特質的想像頗爲相近，有關何文倩的描寫還展現了男性和女性特質的結合，爲花譜中常出現的描寫方式。

另如《鸞嘯小品》中收錄的〈仙度〉一文，則多方面深入評論女演員楊超超：「人之以技自負者，其才、慧、致三者，每不能兼。有才而無慧，其才不靈；有慧而無致，其慧不穎；穎之您立見，自古罕矣！楊之仙度，其超超者乎！賦質清婉，指距纖利，辭氣輕揚，才所尚也，而楊能具其美。一目默記，一接神會，一隅旁通，慧所涵也，楊能蘊其眞。見獵而喜，將乘而蕩，登場而從容合節，不知所以然，其致仙也，而楊能以其閑閑而爲超超，此之謂致也。所以靈其才，而穎其慧也。余始見仙度於庭除之間，光耀已及於遠；既覯於壇坫之上，佳氣遂充于符；三遇于廣莫之野，縱橫若有持，曼衍若有節也。西施淡妝，而矜豔者喪色。仙乎！仙乎！美無度矣，而淺之乎？余以‘度’字也。‘仙’，仙乎？其未央哉！」〔註144〕其中綜合描寫演戲才能、外貌、性情、氣質等。相較於《青樓集》中女書寫演員的簡潔，《鸞嘯小品》對於男女演員都有更深入細緻的描繪，且與花譜的描寫方式更爲近似。

以下進一步介紹以描寫妓女爲主的著作，探討其中與花譜中演員描寫的關係。在《燕蘭小譜》所稱識豔諸書中，僅唐代顏師古《南部煙花錄》（又名《大業拾遺記》）不是描寫書寫妓女的著作，該書記述隋煬帝下江都（揚州）的故事。其後的《北里志》則爲唐代描寫長安北里妓女的著作，其中記述妓女的外貌、文才、氣質等，被視爲妓女傳記書寫的重要開山作品，其書寫方式也爲後來的書寫名妓著作所承繼。〔註145〕雖然《南部煙花錄》重點不在於美女的描寫，但該書書名，後來成爲想像揚州（南部）美女的代表作品，與《北里志》所描寫的長安（北里）美女相對，在諸多書寫美女的著作中被視爲該系譜的重要典籍，〔註146〕也因此吳長元將這兩部著作，列爲識豔之書的起始。

〔註144〕潘之恒，〈仙度〉，《鸞嘯小品》，卷2，收入氏著，《潘之恒曲話》，頁42。

〔註145〕參見龔斌，《情有千千結：青樓文化與中國文學研究》（上海：漢語大辭典出版社，2001），頁295。

〔註146〕類似的對比想像，如在余懷，《板橋雜記》序中有「不及見南部之煙花、宜春之弟子。而猶幸少長承平之世，偶爲北里之游」，頁3。王韜記上海名妓的《松隱漫錄》中有：「滬上寓公二愛仙人，廣大教主也，管領南部之煙花，平章北里之風月」，王韜，《松隱漫錄》（北京：人民文學出版社，1982），卷8，頁360。另可參見 Andrea S. Goldman, "Actors and Aficionados in Qing Dynasty Texts of Theatrical Connoisseurship," 11～16。

　　前述兩部年代較久遠的著作，對花譜的作者來說，以書名的系譜想像意義較爲重要，而《燕蘭小譜》所提及明清描寫妓女的著作，包括《青泥蓮花記》、《板橋雜記》、《海漚小譜》，就與花譜中書寫方式的直接相關性更大，以下作進一步的介紹。

　　《青泥蓮花記》作者爲晚明的梅鼎祚（1549～1615），梅氏字禹金，因應考科舉不順，在家鄉著述交遊。該書作於 1600 年，其中編撰從先秦到明中期各代妓女的故事。該書共十三卷，分內外篇，內篇有記禪、記玄、記忠、記義、記孝、記節、記從，外篇則包括記藻、記用、記戒、記遇諸卷。〔註 147〕從標題及內容可看出他對妓女事蹟的分類方式。內篇前兩篇宣揚佛道思想，後幾篇則記述具有忠、義、孝、節、從等不同美德的妓女，外篇〈記藻〉部分共四卷，描寫有文才的妓女，兼述其性情、談吐等，後幾篇則描寫妓女的機智、際遇和果報等。〔註 148〕這其中的分類方式與描寫，說明了作者心目中各種女性特質的典範，除了與佛道思想相關的部分之外，這些女性特質的描寫，也常出現在花譜中。

　　另部與花譜密切相關的《板橋雜記》，作者爲明末清初的余懷（1616～1696）。余年輕時以文才知名於南京，曾入南京兵部尙書范景文幕府，南明成立後多次參與反抗閹黨活動，明亡後隱居於蘇州。該書成於康熙三十二年（1693 年），是他回憶明朝末年南京秦淮名妓盛況的著作。

　　該書內容分上中下三卷，上卷〈雅游〉記南京秦淮河畔的地景環境及名勝。中卷〈麗品〉，描述評論各名妓，下卷〈軼事〉，記其他冶遊於秦淮人士及相關軼事。其中又以中卷爲主，記述各名妓的外貌、文才、技藝、氣質談吐、生平軼事等，相較於《青泥蓮花記》的強調道德，《板橋雜記》則展現更多作者文才風雅的品味，以及對於舊時盛況的感懷。

　　上述《青泥蓮花記》、《板橋雜記》等明末清初的書寫妓女著作，大多描寫一種理想化的名妓，並將她們抽離出一般妓女階層來看待。〔註 149〕這與花譜中的特定演員，與一般演員加以區隔、理想化其特質的方式頗爲類同；而這些典型化、理想化的過程，其實更能反映出作者心目中理想的性別特質。

〔註 147〕梅鼎祚著，陸林校點，《青泥蓮花記》（合肥：黃山書社，1998）
〔註 148〕關於《青泥蓮花記》的研究，可參見陳慧芬，〈梅鼎祚「青泥蓮花記」研究〉（高雄：國立中山大學中國文學研究所碩士論文，2003）
〔註 149〕李匯群，〈「才女」與「名妓」：晚明至嘉道文人社會的流行書寫〉，《中華文化研究》，2008 年冬之卷，頁 45～53。

　　《海漚小譜》是清代書寫妓女的著作，僅短短一卷，作者趙執信（秋谷老人），為康熙至乾隆年間人，考取進士，曾官至右春坊右贊善，在京師頗富盛名，但後受《長生殿》劇禍案牽連而罷官。該書約成書於清康熙晚期，是一部記述他在各地所認識的妓女（但以天津為主），以及相關詩作的書籍。

　　《海漚小譜》的內容篇幅雖不如《板橋雜記》、《青泥蓮花記》豐富，但其書寫人物的時間及地域都與花譜更為接近，其中對於妓女外貌、性情及道德上的描寫，也頗為細緻。在諸部花譜中，除了前述《燕蘭小譜》的序曾提及，〔註150〕在《長安看花記》也曾引用《海漚小譜》中的用語來形容演員王翠翎：「趙秋谷《海漚小譜》中所稱『飛鳥依人』，大動可憐色。」〔註151〕可見《海漚小譜》對花譜作者來說，的確是其描寫方式的參照之一。

　　除了上述筆記性質的書寫名妓，明末清初流行的評選妓女的花榜、花案，如《金陵妓品》、《金陵百媚》、《吳姬百媚》等，也是與花譜一脈相承的著作。〔註152〕這類著作品評分類妓女的方式，以及對於女性美和儀態的描寫，成為花譜作者的參照對像。

　　另外，花譜作者作為一傳統文人，其所擁有的古典文學知識、〔註153〕了解的詩詞歌賦及典故，都是寫作時擁有的內心資源；〔註154〕而文人試圖在花譜中展現文才，也使得花譜成為眾多典故的彙聚（尤其在常見的駢文中更是如此）。由此，我們也可以進一步地說，花譜所形塑的性別特質想像，不僅是特定時空人群的產物，且與更長久的文人文化及書寫傳統相結合。

小　結

　　花譜是清代中期北京特定歷史脈絡下的產物。在清代禁令下，女演員不再活躍於北京舞台，加上明末以來對於男色的喜好，以及魏長生進京帶來的風潮，

〔註150〕且《燕蘭小譜》的書名小譜，很可能即來自於《海漚小譜》。

〔註151〕珠蕊舊史，《長安看花記》，《清代燕都梨園史料》，頁316。

〔註152〕這類書籍的內容可參見大木康著，辛如意譯，《風月秦淮：中國遊里空間》（台北：聯經出版公司，2007），頁212～223。

〔註153〕明顯影響花譜體例的是，分類品評人物、文學的著作如司空圖的《二十四詩品》等著作，見潘麗珠《清代中期燕都梨園史料評藝三論研究》，頁114～116。。

〔註154〕關於在花譜中，作者文學素養的展現，可參見龔鵬程，〈品花記事：清代文人對優伶的態度〉，頁191～199。

造成了北京觀眾對男旦演員的狂熱喜愛，以及打茶圍和私寓風氣的盛行。

花譜一名，借用自原本與花卉相關的書籍和品評妓女的著作，用即將演員比喻作「花」來評選品賞；內容以演員的小傳和評論為主，另有相關詩詞、駢文、梨園掌故舊聞，以及親身經歷記事等。

花譜的作者大多是出身外地、留寓北京，而科舉仕途不順的文人，因喜好戲劇，或僅僅是鍾情於男旦演員，憑藉其文字能力撰寫花譜。他們一方面藉此品題自己所喜好的演員，一方面展現自身的品味與文才，以獲得在同好中的聲望和認同，並且自別於貪圖色欲，且只靠金錢來接近演員的所謂「豪客」。這些作品，最初僅僅在熟識朋友間流傳，漸成為北京戲劇界的流行讀物，對一些非文人的觀眾和演員產生影響。

花譜雖強調士優之間的平等關係與情感交流，但仍主要將演員作為其品賞的客體，以及有別於自身階層的「他者」來看待，因而在花譜中缺乏演員自身的聲音，而是文人將心目中各種性別理想特質，投射在演員的形塑描寫之中。

除了文人自身想法之外，由於對於前代書寫傳統文字的承繼與引用，花譜中的性別特質建構，進一步與中國的人物書寫、尤其優妓書寫傳統相連結。

第三章　演員形象中的性別特質

本章試圖從花譜對演員的描寫，探討花譜作者們心目中的理想演員形象，包括文才、談吐、道德等方面，並觀察其中所反映的各類男性和女性特質的想像，以及部分作者自身形象的投射。

如同緒論中所述，探討花譜中的性別特質，需要由相關描寫詞彙意涵及其使用脈絡，來判斷與性別特質的關係。因此本章從較明確指涉女性特質的比喻開始探討，以便界定相關特質的歸屬。

第一節　演員描寫中的女性類型比擬

在花譜描寫演員形象時，會以大家閨秀、小家村婦、婢女、妓女等各類型的女性來作比擬。這些形象有些來自於他們舞台上演出的角色，有的則得自於平時接觸而產生的想像，其中展現出花譜作者心目中的各類理想女性特質（亦即複數的 femininities），以及其對特定特質的偏好，並可藉此了解花譜在書寫演員時，將哪些特質被定位為女性特質。

首先簡述女性比擬與男旦演出的關係。在花譜中，以女子類型比擬演員形象的描寫，常從演員在舞台上扮演的角色而來。例如《眾香國》形容吳福壽「性聰敏，所演《跳牆》、《下棋》，儼如閨閣名媛。《相約》《討釵》酷肖宦家使女。」〔註1〕一些花譜如《日下看花記》、《消寒新詠》，更是直接以劇中的表演內容來探討對比演員的形象。這種情形，有時是因為撰寫花譜的文人，未必能獲得與演員在舞臺下實際相處見面的機會，因此只能透過觀戲及想

〔註1〕　眾香主人，《眾香國》，《清代燕都梨園史料》，頁1024。

像，來描寫演員。

　　但這類對於演員的想像比喻，常進一步延伸至舞臺下的想像。如陳意卿「迮扮花蕊夫人，翩翩書記，思落含毫，掃眉才子，何減名士風流，……得與群雅遊時，仍以花蕊夫人自況。」〔註2〕他扮演五代後蜀皇妃、著名詞人花蕊夫人的角色，因甚為形似而得到讚賞，之後他進一步與文人在舞台下來往時，仍然自居花蕊夫人，亦即仍以該角色的形貌展現，可見這類女性類型比擬，常常是整體性的展現，而非止於舞台形象上的想像。

　　在花譜中，最常用以比擬演員的是閨閣型女性，〔註3〕即傳統戲曲中的青衣形象，可視為文人心目中理想女性的代表。

　　在《眾香國》中，描寫田祥林為「舉止風韻，柔媚天成，從無疾言遽色，蓋假然閨閣中人云。」〔註4〕描寫中所認定的閨閣中人形象，包括相應的舉止、談吐和儀態等，而「柔媚天成」所反映的，包括了理想女性性情的「柔」〔註5〕和樣態的「媚」〔註6〕兩種特質，並強調這兩種特質是「天生」而非扮演而來的。

　　《燕蘭小譜》形容曹珪官：「有媚態而無冶容，在部中可云閨閣之秀矣。聞其昔為小史，今入梨園，想習染未深，故多羞澀。相賞者當於時調外求之，或有契焉。」〔註7〕除了前段所提到的「媚態」之外，又同時強調「無冶容」，

〔註2〕　小鐵笛道人，《日下看花記》，卷1，《清代燕都梨園史料》，頁60～61。

〔註3〕　在元代《青樓集》中即有類似的描寫，如李真童「舉止溫雅，語不傷氣，綽有閨閣風致」，見夏庭芝，《青樓集》，頁35。

〔註4〕　眾香主人，《眾香國》，《清代燕都梨園史料》，頁1023。

〔註5〕　班昭《女誡》中有「陽以剛為德，陰以柔為用」的看法，陰柔二字為常連用的詞語，關於柔的進一步探討參見第三節。引自范曄，《後漢書》（台北：鼎文書局，1983），卷84，頁2788。

〔註6〕　「媚」是花譜中常見的形容用語，其雖未有明確的定義，但被視為具有女性吸引力的重要女性特質。例如李漁的《閒情偶寄》有相關探討。他認為媚態是女性最足以吸引人的特質：「是無形之物，非有形之物也，……女子一有媚態，三四分姿色，便可抵過六七分，試以以六七分姿色而無媚態之婦人，與三四分姿色而有媚態之婦人，同立一處，則人止愛三四分而不愛六七分。」，另又強調「態自天生，非可強造……學則可學教則不能……使無態之人，與有態者同居，朝夕薰陶，或能為其所化」，亦即認為後天的環境也有助於女性形成媚態。見《閒情偶寄》，頁121～124。此外，媚在晚明時代的妓女評選中，也是常用女性特質的描寫，如《吳姬百媚》、《金陵百媚》等花案圖譜皆用此特質作為名稱。

〔註7〕　安樂山樵，《燕蘭小譜》，卷3，《清代燕都梨園史料》，頁31。

亦即不過於展露外貌色相，〔註8〕與班昭《女誡》中「婦容，不必顏色美麗也」
的看法相合。〔註9〕此外，強調其出身於侍童，而非一開始就進入有「染習」
的梨園，從文人的觀點來看，這樣的出身有助於閨閣女性特質的想像。

　　《聽春新詠》描寫添慶「若眞置之閨秀，『閒靜』二字足以當之。」〔註10〕
強調「閒靜」這樣的性情特質與閨秀形象的連結。在宋代理學中的陰陽之說中，
有「陽動陰靜」〔註11〕這樣的將陰與靜類比的說法，即把靜的性情作爲女性特
質之一，在清代章學誠〈婦學〉中提到「女子佳稱，謂之靜女，靜則近於學矣。」
〔註12〕也是重視女性靜這個儀態的特質。

　　《消寒新詠》描寫金壽福官在演出時：「姍然舉止，豐韵天成，求之閨閣
中，亦不多得。」〔註13〕除了舉止態度的特質之外，提到了風姿的「天成」，
顯示自然天成的女性特質，在想像閨閣女子形象時的重要性。

　　除了直接以閨閣二字形容，花譜中也常以特定的古代典範中的閨秀婦女
來比擬演員。例如《丁年玉笋志》形容王福齡「溫克沈默，不苟言笑。其意
穆然以深，不屑屑求人憐，亦嘗高自位置。自命不作第二流，而人亦自不能
竟度外置之。鍾夫人自是閨房之秀，斯之謂矣。」〔註14〕典故中的鍾夫人是
晉朝時具有「俊才女德」，且遵守禮法的世家出身女性。〔註15〕這裡用來比喻
他行爲性情沈默不苟言笑，以及自尊的態度，從文中的敘述來看，本來很難
介定是屬於針對男性或女性的道德形象，但由鍾夫人的比喻，得以了解文人
在描寫時是以女性閨秀來想像。

　　晉代閨秀才女謝道蘊更是演員理想形象的典範。如張連喜「姿態端妍，豐
神諧暢，於閨房秀質中具林下風致。」〔註16〕張蘭香「風格灑然，散朗多姿，

〔註8〕　冶容一般解釋爲「妖冶其容」，指女性過度重視修飾其外在容貌。

〔註9〕　班昭，《女誡》，引自范曄，《後漢書》，卷84，頁2789。

〔註10〕留春閣小史，《聽春新詠》，〈徵部〉，《清代燕都梨園史料》，頁177。

〔註11〕周敦頤，《太極圖説》：「動而生陽，動極而靜，靜而生陰，靜極復動，一動一
　　　　靜，互爲其根，分陰分陽，兩儀立焉。」轉引自全祖望等，《宋元學案》（台
　　　　北：正中書局，1954），卷9，頁131。

〔註12〕章學誠，〈婦學〉，收入氏著，《文史通義校注》（臺北：里仁書局，1984），頁
　　　　537。

〔註13〕鐵橋山人等，《消寒新詠》，卷1，頁26。

〔註14〕蕊珠舊史，《丁年玉笋志》，《清代燕都梨園史料》，頁336。

〔註15〕劉義慶著，余嘉錫撰，《世説新語箋疏》（台北：仁愛書局，1984）〈賢媛〉，
　　　　頁687。「東海家内，則郝夫人之法。京陵家内，範鍾夫人之禮」。

〔註16〕留春閣小史，《聽春新詠》，〈徵部〉，《清代燕都梨園史料》，頁173。

獨有林下風。」〔註17〕增福「閨中儀範，林下風情，令人不可褻視。」〔註18〕
以上幾個例子，都以「林下風」一詞來比喻描寫演員的儀態，該詞原來指稱竹
林七賢那樣的魏晉名士風範，後來在《世說新語》中用它形容謝道蘊，之後就
成爲專門形容女性的詞彙，用以比喻如謝道蘊那樣有才而性靈飄逸的閨閣女
子，〔註19〕在《青樓集》中亦曾引用這個典故形容女演員。〔註20〕由這類比喻
可以看到，除了前述閨閣的舉止儀態等氣質，花譜作者也重視閨秀才女的氣質
形象，這在下節會繼續探討。

　　另一與閨閣女子相關的描寫方式，是所謂「大家」的特質，用以形容出
身於具聲望地位家庭的女性。如《日下看花記》描寫孫金官「質樸訥而不工
妍媚。演香閨婉淑，落落大方，所謂大家舉止，自有一種富貴福澤之像，不
必妖姣嫵媚也。間或齲齒一笑，亦頗楚楚動人，所謂性中流露，別有一種穩
重端莊之態，不必伴羞故怯也。」〔註21〕除了包括「大方」、「穩重端莊」的
儀態，以及不必「妖姣嫵媚」，即過於展露色相的特質之外，更看到「性中流
露」，「不必伴」這樣的強調天性自然的想法。另如《聽春新詠》中描寫章喜
林「玉質冰肌，秀眉俊目，規模體段，不染輕佻，綽有大家風致。」〔註22〕
以其演出時氣質舉止不輕佻，認定具有「大家風致」。

　　但要補充說明的是，雖然花譜中對演員具有大家風致的描寫，類同於閨
秀比喻描寫中展現出來的特質，實際上該用詞在花譜中，有時會指涉演員出
身於較著名的梨園或私寓的世家。〔註23〕這樣的演員被認爲因環境訓練的差
異，而能培養具有類似大家閨秀般的女性特質。

　　綜合上述的相關描繪，可以看到幾種在花譜中被定位爲閨秀型的女性特
質。包括能吸引人的女性特質「媚態」，以及「端莊」、「閒靜」、「羞澀」這

〔註17〕蕊珠舊史，《長安看花記》，《清代燕都梨園史料》，頁319。
〔註18〕小鐵笛道人，《日下看花記》，卷2，《清代燕都梨園史料》，頁71～72。
〔註19〕該典故出自劉義慶著，余嘉錫撰，《世說新語箋疏》，〈賢媛〉，頁699：「王夫
　　　　人神情散朗，故有林下風氣；顧家婦清心玉映，自是閨房之秀。」其中王夫
　　　　人即謝道蘊。Susan Mann 即認爲作爲女教師的班昭與才女的謝道蘊，是盛清
　　　　時代最具力量的兩種女性典範形象，見 Susan Mann, *Precious Records: Women
　　　　in China's Long Eighteenth-century*, 76。
〔註20〕「天然秀……豐神艷雅，殊有林下風致。」見夏庭芝，《青樓集》，頁23。
〔註21〕小鐵笛道人，《日下看花記》，卷3，《清代燕都梨園史料》，頁85。
〔註22〕留春閣小史，《聽春新詠》，〈別集〉，《清代燕都梨園史料》195。
〔註23〕關於私寓世家以及文人對出身大家者的期望看法的探討，可參見王照璵，《清
　　　　代中後期品優文化研究》，頁153～160。

一類的性情儀態描寫，或從反面來看以不輕佻、不「妖姣嫵媚」、「無冶容」這類不過度展露色相的特質，包含部分的道德評價，此外也包括文才及相關氣質。

進一步來說，演員要獲得閨秀般的想像和描寫，不僅需要具有上述這些特質，且這些特質還需要是「天成」、「性中流露」，可見在他們的心目中，閨秀女性的特質想像，和演員需要演出假扮，需要「佯」的特性，有相衝突之處，因此文人認爲天生具有閨秀特質，或出身比較特別的演員，才適合以閨秀來形容想像。關於個別特質天生與後天的問題，在第五章中會進一步探討。

整體而言，花譜中的演員形塑中所展現的閨秀女性形象，主要集中在形態儀容舉止性情，旁及德性和文才，而身體外貌則不被重視，過度的展露外貌反成爲缺點。

這樣的閨秀想像，與實際上一般閨秀女性的理想形象相比較，最大的差異是所謂的「婦工」，也就是婦女勞動和操持家務的成就，這也是 Susan Mann 所提及 18 世紀婦女與妓女之間最關鍵的區別所在。〔註24〕此外常用以正面形容閨婦德性特質的「賢」等相關的特質，〔註25〕也幾乎未在花譜中出現。儀態舉止的描寫反而成爲花譜閨秀描寫的核心，甚至在一般閨閣形象中不被重視的「媚態」也屢次被強調。

由此可以看到，演員與妓女一樣身處於娛樂事業而不是真正在家庭中，因而無法具有完整的閨秀形象。因此文人只能從演員在舞台上下的儀態性情中，捕捉形似於閨秀女性的形象，來做出相關的想像，甚至進一步結合了非屬於當時閨秀的形象，因此所構築出的形象，已與清中葉的實際閨秀形象有一段距離。例如前述如常用於閨秀形象的「媚」的特質，原本僅見於才子佳人小說中的佳人，〔註26〕或更常是名妓所有的形象，而非一般書寫閨秀女性

〔註24〕Susan Mann, *Precious Records: Women in China's Long Eighteenyh-century*, 143～144. 關於盛清時代的閨秀各類女性形象，也參見該書。
〔註25〕關於傳統女教中對於賢的建構，參見林香奈，〈賢ならざる婦とは──女訓書にみる家と女〉，收入關西中國女性史研究会編，《ジェンダ──がらめた中國の家と女》（東京：東方書店，2004），頁87～106。
〔註26〕才子佳人小說中的女主角，最重視的形象爲才、德、色、情，媚態並非被強調的特質，但相較於一般閨閣婦女傳記，至少是偶爾會提及的特質。關於才子佳人小說中的佳人形象，可參見李志宏，〈論明末清初才子佳人小說中「佳人」形象範式的原型及其書寫──以作者立場爲討論基礎〉，《國立臺北教育大學學報》，18：2（2005），頁25～62。此外，豔情小說中的女性角色相較而

時會出現。章學誠曾在〈婦學〉中所提到的「譬之男優，飾靜女以登場，終不似閨房之雅素也。」〔註27〕可代表當時的一種，認爲扮演的演員不如眞實閨秀的看法。

除上述最常提及的大家閨秀比擬之外，其他類型的女性形象比擬，大多是以閨秀形象爲基礎，與之對比而看到的另類女性特質。例如《日下看花記》將具閨秀特質的榮官與鄉下女子對比，說他「無桑濮夭斜之態，有閨幃貞靜之儀。」〔註28〕其中「桑間」一詞形容民間女子的形象。鄉下或民間女子與閨閣女性二者常彼此相對描寫。而其中「夭斜」一詞，宋代以前爲描寫女性豔麗之詞，但元明以後出現略帶貶義的意涵，形容外貌豔麗但與道德規範不合的特質。〔註29〕用這樣的對比強調他演戲時具有相對民間女子的閨閣女子特質。

花譜中對鄉下姑娘或小家女子形象的比擬，常表現出相對於閨閣形象的另類興趣。《燕蘭小譜》中提到有人「譏明官爲小家女子，三元是鄉里姑娘。」〔註30〕作者也說于三元是「嬌癡謔浪，無不與『村』字暗合，蓋神似而非故爲摹擬也。」〔註31〕以天眞而戲謔放蕩等特質，作爲鄉下女子特質，並且強調其得之於本身特質的相似，非靠摹擬而來。《眾香國》中形容陳二林「儼然一村粧婦人，不假修飾，而於布素中特饒俊俏」，〔註32〕則重視到「樸素」的特質，以及「不假修飾」的特色。

相較於上述強調其天生符合鄉下女子特質的一面，也有特別提及演出中展現的小家婦女或村婦等形象。如朱福壽在《買炭》、《漂飯》的戲中「宛然小家婦女。」〔註33〕丁銀官，「見其《花鼓》一齣，流媚中符合得一村字。」〔註34〕可見村婦形象也可以具有「媚」的特質。

綜合而言，鄉下或小家女子的特性主要在樸素天眞的正面形象，但同時

言，更常有媚態的形象，但與閨秀形象的距離就更遠了。
〔註27〕章學誠，〈婦學〉，《文史通義校注》，頁533。
〔註28〕小鐵笛道人，《日下看花記》，卷3，《清代燕都梨園史料》，頁83。
〔註29〕夭斜一詞的意義變化可參見裴偉，〈由「性感」說「夭斜」〉，《漢字文化》，2006：5，頁83～84。
〔註30〕安樂山樵，《燕蘭小譜》，卷2，《清代燕都梨園史料》，頁22。
〔註31〕安樂山樵，《燕蘭小譜》，卷2，《清代燕都梨園史料》，頁22。
〔註32〕眾香主人，《眾香國》，《清代燕都梨園史料》，頁1034。
〔註33〕小鐵笛道人，《日下看花記》，卷2，《清代燕都梨園史料》，頁70。
〔註34〕小鐵笛道人，《日下看花記》，卷4，《清代燕都梨園史料》，頁100。

也常有夭斜放蕩等過於展露色相的貶義描寫（相對於閨秀形象的不輕佻妖冶），也表現出一些文人對於不同類型女性特質的興趣。

　　婢女的形象在戲劇中和演員描寫中常見，在戲曲中相應的行當常爲花旦，在花譜中也常是作爲相對於閨秀的形象看待。如《燕蘭小譜》形容楊五兒：「姿態村樸，有婢學夫人之狀。」〔註35〕這是相對於閨閣女子、略帶貶義的形容，認爲她的姿態較樸實，不適合演出閨秀的角色，而較類似於婢女的形象。

　　另一種的婢女描寫則較爲正面。如李琴官「雖非謝氏閨英，亦屬鄭家文婢。」〔註36〕其中鄭家文婢典故出自漢代經學家鄭玄，其家婢女皆讀書識字，展現出的特質雖不如閨秀才女，但仍具有一定文化氣息。另外如《日下看花記》評論蒿玉林（字可泩）所演的戲，指出他「波眼傳情，柳腰作態，自然窈窕生妍，未識當年鄭氏知書之婢，陶家瀹茗之鬟，能似可泩風韻否？」〔註37〕除了其外形姿態的描寫之外，也強調具文化素養的婢女形象，可看到即便是不同階層的女子，有文化素養及其相應的氣質形象仍是文人所重視的。

　　相較於上述幾類女性的比喻，花譜中直接以妓女來形容演員則十分少見。少數例子如《燕蘭小譜》形容鄭三官「淫冶妖嬈如壯妓迎歡，令人酣悅。」〔註38〕一方面反映了他擅長扮演妓女的角色，一方面形容她過度展露色相而「淫冶妖嬈」，雖然這類特質對許多男性觀眾有一定的吸引力，但《燕蘭小譜》的作者進一步說道：「惜豪客難逢，徒供酸丁餓眼，以身發財豈易言歟？」〔註39〕亦即並不贊同這樣的演出風格。

　　雖然花譜中描寫的演員，在形象地位上與娼妓之間常缺乏明顯區隔，且如第二章第五節所述，花譜中許多演員的描寫方式和特質想像，是對於以往書寫名妓著作的承繼，〔註40〕但花譜中卻幾乎沒有直接以妓女比喻演員，其中少數以妓女作爲比擬，如上鄭三官的例子，在於強調其過度展露色相的負面形象，可看出花譜作者刻意將理想演員的形象與妓女加以區隔。

　　晚明清初，文人及閨秀才女多與名妓往來交遊，名妓在當時具有很高的聲

〔註35〕安樂山樵，《燕蘭小譜》，卷3，《清代燕都梨園史料》，頁27。

〔註36〕安樂山樵，《燕蘭小譜》，卷4，《清代燕都梨園史料》，頁38。

〔註37〕小鐵笛道人，《日下看花記》，卷2，《清代燕都梨園史料》，頁68。其中「瀹茗」指泡茶。

〔註38〕安樂山樵，《燕蘭小譜》，卷2，《清代燕都梨園史料》，頁20。

〔註39〕安樂山樵，《燕蘭小譜》，卷2，《清代燕都梨園史料》，頁20。

〔註40〕Andrea S. Goldman "Actors and Aficionados in Qing Dynasty Texts of Theatrical Connoisseurship," 16～23.即說明花譜中演員描寫與前代妓女描寫的相似性。

望，甚至常贏得理想化的形象。〔註41〕但這樣的情形到清中期時有所改變，妓女的形象地位降低，而與閨秀女性有明顯區隔。〔註42〕在北京，妓女更是相當被看輕的一群人。〔註43〕即便演員的實際地位並不明顯高於妓女，但還是使得這些文人撰寫花譜時，不願將心目中理想演員比擬爲妓女。不過前代名妓文化中的要素，以及一些吸引人的女性特質，如媚態，仍爲文人所重視喜好；因此或直接描寫該類特質，避開以妓女作比擬，甚或直接將部分特質，納入爲閨秀形象的一環，也因此產生了前述有些名實不符的閨秀特質描寫。

整體而言，以女性比擬男性演員的書寫方式，可以看到各類女性特質想像的跨越性和浮動性。首先，儘管演員的實際性別爲男性，社會階層又較低下，但在這些花譜書寫的想像中，他們在舞台上下，皆能超越性別和階層，分別展現文人作者心目中的各種女性特質。此外，閨秀與名妓比擬的討論中可看出，一些女性特質成分，還能根據文人的喜好而增減，甚至挪用至另一類型女性特質的比擬來想像。

第二節　文才形象中的男女性別特質結合

花譜對演員的描寫，十分重視與演戲本身沒有直接關聯的文才，其中除了賞析及寫作詩文的能力之外，也廣泛包括如書畫等文人重視的才藝，以及所謂的儒雅氣質。如上節所見，花譜常以具有文才及相應氣質的女性，如謝道蘊等來比擬演員，這點便可看出將文才視作理想女性特質的一環，但以文人自身形象所投射的男性特質，也在這類想像中佔有重要位置。以下即探討這兩種性別特質與文才形象的結合。

首先，可自現實層面來討論花譜中對於文才及其相關形象的描寫。根據么書儀的研究，由於花譜的作者爲讀書人，以自己的審美觀念來寫作花譜，因而推重有文化品味的演員。而演員爲了讓花譜收錄自己，以提昇名氣，也試圖展現文才及儒雅之氣，以求受到文人的欣賞；甚至主動拜文人爲師，學

〔註41〕參見高彥頤，《閨塾師》，第 7 章。

〔註42〕Susan Mann, *Precious Records: Women in China's Long Eighteenth-century*, 121～124.

〔註43〕北京妓女形象的低落，與清代北京妓業的衰落，以及和相公行業的發達有關。咸豐年間黃均宰，《金壺遯墨》中記載：「京師宴集，非優伶不歡，而甚鄙女妓。士有出入妓館者，衆皆訕之。結納雛伶，則揚揚得意，自鳴於人。」轉引自吳存存，《明清社會性愛風氣》，頁 174。

習詩文書畫等才藝，帶動了演員的文人化。花譜中的種種文才形象描寫，便部分反映了這樣的趨勢。〔註44〕

這種名伶和文人互相依存，且使之文人化的關係，在傳統士人與名妓之間也常出現，〔註45〕並不是一個全新的現象。由於文人對於文才及相應的氣質形象的重視，使演員運用這些特質，以吸引文士與之往來，並幫忙宣傳，希望有利於自己的私寓生意。

在當時演員接待客人的私寓中，演員就常佈置了文雅的環境，吸引文人的造訪。如《日下看花記》提到王翠林「善墨蘭，遂偕訪之。一室之內，無非卷軸。園中無劇，即事毫素，蘭筆娟秀，近更蒼勁，性甘淡泊，盃酒論心，清言娓娓。興逸則議論風生，天眞爛漫。高人韻士，知其懷抱芬馨不可遏抑，殊樂觀其遠致。」〔註46〕可看出王翠林運用繪畫的才藝，將私寓佈置成一個充滿「文」的環境，讓文人樂於造訪。私寓整體空間所營造的自身形象，即是一種類似男性文人的形象。

下面《辛壬癸甲錄》的一段文字，對演員吳金鳳的描寫，更顯示了這種以文才吸引文人的情形：

> 聰穎特達，文而又儒。……。風格灑然，談諧筆箚，色色精妙。所與游多當世文士，性復苦溺於學，故朱藍湛染，厥功甚深。……所居曰玉連環室，又有竹如意齋，插架皆精冊帙，幾案間錯列舊銅瓷器數事，鹹蒼潤有古色。過其門者，或聞琴聲泠泠出戶外，皆曰此中有人。諸名士以春秋佳日集其家，闡題分牌，桐仙必與參一席。墨痕淋漓襟袖間，與酒痕相間也。尤工繪事，師袁琴甫，學甌香館寫生法，作沒骨折枝花卉，殊有生趣。而酬應過繁，忽遽中往往金靜川、安次香諸君爲之捉刀。故外間蘭亭頗多臨本。然非曹洪倩人之比也。所作韻語，楚楚有致。暇復倚聲學填長短句，亦自可誦。每於觥籌交錯之時，偶出一語，指事類情，一坐盡傾。好從諸文士遊，諸文士亦樂與之遊也。以故年逾弱冠，而尋春車馬猶爛其盈門

〔註44〕 么書儀，〈試說嘉慶、道光年間的"花譜"熱〉，收入《晚清戲曲的變革》，頁339。

〔註45〕 關於明末清初文人與妓女關中的妓女的文人化，可參見王鴻泰，〈青樓名妓與情藝生活——明清間的妓女與文人〉，收入熊秉眞、呂妙芬主編，《禮教與情慾——前近代中國文化中的後／現代性》（台北：中央研究院近代史研究所，1999），頁73～123。

〔註46〕 小鐵笛道人，《日下看花記》，卷2，《清代燕都梨園史料》，頁64。

雲。〔註47〕

這段文字指出吳金鳳才藝過人，居處更營造成可以吸引文人往來的空間。甚至她還因書畫受到肯定，大家爭相索取，以至於忙不過來，竟需文人「代寫」。〔註48〕引文中強調這樣的「代寫」，並非「曹洪倩人之比」，亦即並非如三國時代的曹洪，因爲自己文字能力不佳，才找文人陳琳幫他代筆撰寫。我們很難確知吳金鳳事實上是否如文中所述的多才多藝，甚至高過一般文人，或僅是文人們的吹捧。但可以想像因知名演員的才藝，較諸一般文人更爲難得，因而更具賣點，而備受喜愛；文人本身的才能不見得受重視時，他們的作品反需藉演員之名而發聲。

這樣的情形在《品花寶鑑》中有更直接的呈現。演員素蘭受到華公子稱讚他的文才時，就說：「我們這樣本事，算得什麼；因爲我們這等人，是不應會的，所以會寫幾個字，會畫幾筆畫，人就另眼相待，先把個好字放在心裏；若將我們的筆墨，換了人的姓氏，眞怕非但沒有說好，盡是笑不好的了。」〔註49〕即反映因具有才藝的演員甚爲稀少，所以即使程度不特別高，也能吸引文人。

雖然我們可以從上述現實層面，亦即演員的文人化，來解釋花譜中多寫演員文才的情形。但上面這些現象的描寫，來自文人所作的花譜，其中雖的確可能部分反映演員學習文藝，吸引文人往來的現象，但更可能反映的是文人對演員的期望和想像。尤其當時的演員多出身中下階層（可能因經濟困境而成爲演員，或原本即來自戲劇相關職業的家庭），識字機會較低，能欣賞或親自作文者當在少數。〔註50〕

具有文才的理想演員形象，反映了文人作者們對於性別特質的想像。傳統中國本將文才視爲男性特質的一環。例如雷金慶（Kam Louie）的中國男性特質研究，將中國傳統的「文」與「武」視爲男性特質的兩個主要面向，在文的方面，他認爲因科舉制度對性別的限制，文所能獲得的最高價值，只能

〔註47〕蕊珠舊史，《辛壬癸甲錄》，《清代燕都梨園史料》，頁291。

〔註48〕演員書畫作品風靡的例子，另如范秀蘭（字小桐）擅長水墨畫，「有不能致小桐手蹟者，自慚爲不登大雅之堂，自慚爲不韻。」見蕊珠舊史，《長安看花記》，《清代燕都梨園史料》，頁304。

〔註49〕陳森，《品花寶鑑》，53回，頁669。

〔註50〕例如陳芳的研究提及當時演員地位低下的情形，見氏著，《乾隆時期北京劇壇研究》，頁240～241。此外，我們從花譜中對於某些能文，甚至有舉業的人特別重視，也可以反推這種現狀。

歸給男性士人，而不及於女性。〔註51〕宋耕也指出才子佳人小說，例如《西廂記》等，對於男主角（即才子）文才的重視，以及「能文」可能展現的力量。〔註52〕除此之外，在明代產生的「女子無才便是德」的論述，也從反面強調了文才不應屬於良家婦女的範疇。〔註53〕

　　但儘管文才的特質常是一項重要的男性特質，明清也有許多鮮活的才女形象描繪。雖然當時出現女子無才便是德的話語，認為女子不應學習詩文，然這樣的態度並非完全反對女子有才，而是反對女性因詩文的追逐而敗壞禮法，如章學誠認為「古之婦學必由禮通詩，今之婦學，轉因詩而敗禮」、並解釋「女子無才便是德」這句話，「非惡才也，正謂小有才而不知學，乃為矜飾鶩名，轉不如村姬田嫗，不致貽笑於大方也」。〔註54〕

　　明清不乏支持女子學習詩文，並認為才德不相衝突的看法，如姚鼐、袁枚等人都贊同女子作詩習文。〔註55〕文學作品中常出現能詩文的女性角色，表現出男性對於有才華女子的欣賞，如《紅樓夢》中的林黛玉、薛寶釵、史湘雲等。〔註56〕而盛清時代的閨秀詩人，如《國朝閨秀正始集》的編纂者完顏惲珠，則自我形塑了才德兼備、女詩人和持家賢妻結合的形象。〔註57〕

　　早期才女書寫的傳統，也正說明了對於女性文才的重視。例如之前提到的謝道蘊，以及上古的班昭、蔡琰等，成為後人用以描寫讚揚才女的比擬對象。而另一個脈絡之中的才子佳人小說和戲劇中的「佳人」們，除了外貌突出之外，也常常同時具有與男主角的「才子」所相對應的文才。〔註58〕

　　在妓女或女演員的書寫中，也多描寫他們的文才。元代《青樓集》著重

〔註51〕　Kam Louie, *Theorising Chinese Masculinity: Society and Gender in China.*

〔註52〕　Geng Song, *The Fragile Scholar: Power and Masculinity in Chinese Culture*, 23～28.宋耕以《西廂記》中，張生寫信求救而使茵茵一家獲救為例。

〔註53〕　陳東原，《中國婦女生活史》（台北：台灣商務印書館，1997），頁13～18。這句話目前所知最早出自於明代，但在明清之前亦有類似的價值觀。

〔註54〕　章學誠，〈婦學〉，《文史通義校注》，頁537。

〔註55〕　劉詠聰，〈清代前期關於女性應否有「才」之討論〉，收入氏著，《德‧才‧色‧權——論中國古代女性》（台北：麥田圖書公司，1998），頁262～269。

〔註56〕　劉詠聰，〈清代前期關於女性應否有「才」之討論〉，頁275～280。

〔註57〕　Susan Mann, *Precious Records : Women in China's long Eighteenth-century,* 95～120.

〔註58〕　亦可參見 Geng Song, *The Fragile Scholar,* 19～30；李志宏，〈論明末清初才子佳人小說中「佳人」形象範式的原型及其書寫——以作者立場為討論基礎〉，頁45～51。

描寫女演員的才藝，〔註 59〕歷代以文才而被稱頌的名妓更是不絕；直到傳統後期，高彥頤筆下的明末清初名妓，甚至以文才取得與閨秀才女們接近同等往來的地位；〔註 60〕明末清初的妓女書寫包括《板橋雜記》、《青泥蓮花記》等，仍多有文才名妓的描寫。雖然在十八世紀的盛清時期，閨秀詩人們出現一種自覺，將同樣有文才的名妓與自己的形象相間隔，〔註 61〕能文名妓的地位似乎有下降的趨勢。不過，對於名妓文才的重視，仍可以在當時描寫妓女的相關著作，如《海漚小譜》等之中看到。

由上所見，文才形象普遍存在於明清時代男性和女性的描寫中。因此，花譜中對於演員文才的描寫，需放在撰寫脈絡中，觀察其中男性特質及女性特質兩方面的展現。

《燕蘭小譜》中對於演員桂林官的描述，展現了文才特質中值得探討的性別意義：「玉貌翩躚，溫文閒雅，絕不似樂部中人。喜書史，能舉業，亦善畫蘭，駸駸乎有文士之風。戊戌春，予過友人寓，與之同飲，不知其為伶也。」〔註 62〕

其中除了花譜中常見的書畫等才能，出現了比較少見於描寫的「能舉業」，亦即與當時科舉相關的四書八股文，這一點別具性別意義，演員雖然平時扮演女性，常以女性化的話語描寫他們，但正因為演員的實際性別為男性，可能在未成為演員之前，也如同一般文人那樣，希求功名而學習八股文，〔註 63〕這是具有文才的閨秀和名妓不會有的經歷，〔註 64〕顯示花譜的書寫，還是具有演員實際性別的想像在內。

此外，引文中提到的「不似樂部中人」、「不知其為伶也」等，可見作者吳長元也不認為這些才能和相應氣質，是一般演員所有的；而是所謂的「文士之風」，亦即他們文人群體才有的特質。這段文字中，除了其中提及伶、樂部中人，描寫方式其實類同於男性文士，更展現這段描寫所蘊涵的男性特質想像。

這種用文才及相應氣質作為我群他群的區分方式，在《品花寶鑑》的一段

〔註 59〕例如演員梁園秀被形容為：「喜親文墨，間吟小詩，亦佳」，見夏庭芝，《青樓集》，頁 17。

〔註 60〕高彥頤，《閨塾師》，第七章。

〔註 61〕Susan Mann, *Precious records: women in China's long eighteenth-century*, Chapter 6.

〔註 62〕安樂山樵，《燕蘭小譜》，卷 4，《清代燕都梨園史料》，頁 38。

〔註 63〕但也因為從事了演員這樣的「賤業」，根據清代當時的規定，未來失去了參加科舉，在「文」方面取得最高榮譽的機會。

〔註 64〕雖然在明末清初一些女扮男裝的戲曲小說中，有女性扮成男性參與科考的情節，但實際上並不會出現這樣的情形。

對話中更是明顯。文士屈道生見了演員琴言等人所對的對子，說道：「不料這四位，竟能如此，竟是我輩，老夫今日眞有幸也。他們貴行中，我卻也見過許多，不過寫幾筆蘭竹，塗幾首七言絕句，也是半通不通的，要似這樣，眞生平未見，怪不得諸公相愛如此。可惜老夫早生四十年，不然也可附裙屐之列。」將眞正具有文才的演員，與僅僅是爲了吸引討好文人而略習皮毛的演員作區別，認爲他們是「我輩」，也就是值得作爲男性文人社群的一員。〔註65〕

　　將演員視爲男性文人一分子的文才描寫方式，另如《日下看花記》中提到的劉慶瑞「連番雅集，著有《紅藥新唫》，乞序於味閒居士表其芳韻。今劉郎聲華霞爛，襟抱泠然，喜接名流，傾心婧雅。近嗜學書，筆姿秀勁，梨園中佳子弟也。」〔註66〕除了強調文學及書法等才藝之外，並以「子弟」展現了他這樣的形象所呈現的是男性特質的想像，亦即與演員的實際性別相同。

　　同書又形容李桂林：「梨園館一至，席間不交一語，覘其風格，無異大家子弟。滿面書卷氣，絕不以嫵媚自呈。」〔註67〕將文才及書卷氣當作類似「大家子弟」，亦即特定男性特質的一部分，並進一步將舞台之下「不以嫵媚自呈」這樣的「非女性特質」，作爲正面評述來描寫。此外，同書形容駱九林「眉目明秀，靜穆自持，宛如讀書子弟。」〔註68〕「讀書子弟」也同樣強調了他作爲能文男性的一面。

　　相對於上述以文才爲男性特質的描寫，花譜中另有以有才女性爲想像對象的描寫。《燕蘭小譜》中對張發官的描寫是：「雅韻閒情，有謝夫人林下風致，耽清靜，解文墨，嘗見余《燕蘭譜》，略識此中款要，知非庸俗伶工矣。」〔註69〕

　　與前文所引（頁58），描寫桂林官的類似之處，在於作者指出這樣的特質，並非一般演員所有，而是所謂「非庸俗伶工」。亦即將演員按照「文」（演員還能瞭解自己所撰花譜內容）的標準來區分高低。與桂林官的描寫不同的是，這裡用了第一節所提到的謝道韞作爲比喻，亦即以才女典範的想像來描寫能文的演員。

　　類似的情形，如《聽春新詠》提到吳蓮官「性喜畫蘭，間作小詩，亦頗

〔註65〕陳森，《品花寶鑑》，38回，頁476。黑體爲本書中所加。
〔註66〕小鐵笛道人，《日下看花記》，卷1，《清代燕都梨園史料》，頁57。
〔註67〕小鐵笛道人，《日下看花記》，卷3，《清代燕都梨園史料》，頁87。
〔註68〕小鐵笛道人，《日下看花記》，卷2，《清代燕都梨園史料》，頁69。
〔註69〕安樂山樵，《燕蘭小譜》，卷4，《清代燕都梨園史料》，頁40。

天趣。王湘雲能畫不能詩，安樂山樵已有『閒向吳興窺墨法，風姿詎遜管夫人』之譽，倘遇香芸，更不知若何傾倒也。」〔註70〕其中「管夫人」為元代趙孟頫之妻，擅長書畫。這段引文也是以才女來形容有才演員，而非有才文人的想像，而「傾倒」一詞，亦表現出男性文人對於理想女性的欣賞。

整體而言，花譜中對於演員文才的描寫，以及文才形象的推崇，代表了階層、性別兩種特性的對比結合。

在性別方面，一方面把演員的文才或儒雅之氣，用對男性文人般的描寫來給予正面評價，另一方面，又把他們與有才的女性作結合，而成為可觀賞的他者，反映了當時花譜所描寫男旦性別特質形象的複雜性。

在階層方面，文人們藉由將文才作為標準，指出一般平凡演員與文人之間的階層差異，但又希望自己喜好的演員，能認同自身的價值，而具有自己所具備且欣賞的能文特質，成為所謂的「我輩」，藉以強化文人們自身的認同。在現實中，這樣的認同需求，使得文才（即使只學皮毛而不精）成為演員與文人往來時的重要資本。

第三節　性情談吐中性別特質的結合

花譜對演員性情談吐的描寫，經常展現男性和女性特質的結合。如本文第二章所述，自清嘉慶年間開始，由於打茶圍業的興盛，男旦演員（一般稱作相公）經常參與北京文人聚會，因此文人們有了更多與演員往來的機會。花譜中因而重視演員的性情談吐反應等特質，例如《日下看花記》中就提到「余論梨園，不獨色藝，兼取性情。」〔註71〕與本章第一節探討的閨秀女性的描寫，多強調偏於靜態的、個人的性情儀態氣質有所不同，而是重視與人之間互動的談吐儀態，這方面與書寫名妓的著作，如《板橋雜記》中的特質描寫較為相近。

花譜在性情談吐的描寫中所強調的特質，包括偏於女性特質的溫柔、體貼、較中性的能言善談、反應聰穎，以及偏向男性特質的瀟灑、豪爽、英氣等。本節即探討文人如何形塑這幾類的形象，以及其中男女性特質的結合。

演員的溫柔性情是常被描寫的特質。如《長安看花記》形容陳玉琴「意

〔註70〕留春閣小史，《聽春新詠》，〈別集〉，《清代燕都梨園史料》，頁196。
〔註71〕小鐵笛道人，《日下看花記》，卷4，《清代燕都梨園史料》，頁107。

態言笑，無一不媚。而安雅閑逸，溫潤縝密，有時神明煥發，光照四座。對之如坐春風，如飲醇醪。古人稱溫柔，惟小雲足當此二字。」〔註72〕《聽春新詠》形容張才林「姿態溫柔。飲量甚洪，每遇歌筵，謔浪詼諧，憨情可掬。」〔註73〕除了一些氣質儀態如「媚」、「安雅」等的描寫之外，以及談吐中能產生樂趣的「謔浪詼諧」之外，都可看「溫柔」特質的描寫。

雖然「柔」一字，在陰陽的描述中與陰相提並論，為偏向女性的特質，柔且常與媚字結合作為性情上女性特質的表現，但「溫柔」兩字結合時用法不同，「溫柔」一詞原出《詩經》，常與與「敦厚」連用，指詩教中的溫和寬厚。其後溫柔一語單獨使用時，一般即指性情溫和柔順，有時用於形容施政的寬厚，或人的個性，用於形容男性和女性都有，而並無特定的性別意涵。

到了明清的小說戲曲中，溫柔一詞用於女性的情形變得較多。〔註74〕另外，如不限於二字，則與溫柔相似性情的形象，在名妓書寫中也較為常見，如著名的唐代歌妓霍小玉「低鬟微笑、言敘溫和，辭氣宛媚。」〔註75〕

溫柔之外，善體人意的特質也在花譜中受到重視。如《日下看花記》中形容吳秀林「花間月下，一二知己，細斟密酌，時秀林在側，必能貼妥如人意也，道人頗憐之。」〔註76〕另形容玉林「措辭亦善體人意，毫無粗俗氣，可與雅遊。」〔註77〕都在強調他們彼此往來中，能順應了解這些文人的想法感受，而能有適當的反應，讓文人樂於與他們往來。

體貼、善解人意的特性在中國早期使用並不明顯。雖然中國傳統作為女性德性的「從」，也與善解人意相關，但其內涵並不相同，或僅能部分體現這個特質。體貼二字一直到宋代時才常使用，但當時的意思是指了解體會；〔註78〕在清代的小說如《紅樓夢》中，體貼開始有類同善解人意的意思，用以形容內心

〔註72〕蕊珠舊史，《長安看花記》，《清代燕都梨園史料》，頁312。

〔註73〕留春閣小史，《聽春新詠》，〈別集〉，《清代燕都梨園史料》，頁202。

〔註74〕如《桃花扇》中有：「這當壚紅袖，誰最溫柔，拉與相如消受」其中「當壚紅袖」指漢代的卓文君，見孔尚任，《桃花扇》（台北：普天出版社，1969），第6齣，頁44。

〔註75〕蔣芳，〈霍小玉傳〉，收入梅鼎祚，《青尼蓮花記》（合肥：黃山書社，1998），卷4，頁96。

〔註76〕小鐵笛道人，《日下看花記》，卷3，《清代燕都梨園史料》，頁87。

〔註77〕小鐵笛道人，《日下看花記》，卷3，《清代燕都梨園史料》，頁84。

〔註78〕如《朱子語類》中有「今卻只是體貼字句」，見黎靖德編，《朱子語類》（京都：中文出版社，1973），卷34，頁1908。

完全為對方設想的情感和態度，主要用於描寫賈寶玉與家中女子之間互相體貼的的關係。〔註79〕另外，在明代的小唱中有「狡猾解人意」〔註80〕的說法，但就是偏向於負面的形容，認為小唱善於揣摩人意而逢迎客人。

由上所見，溫柔體貼等特質，雖然在明清時代用於女性的機會較多，但未必僅限於女性的特質，只能說較偏於女性特質。上述幾個例子的使用語境中，也無明確線索來推測其性別特質的偏向，並不如現代人直接將這些特質賦與女性特質的想像。

溫柔體貼之外，演員談吐伶例反應聰敏，也是受到文人喜愛的特質。例如，《日下看花記》形容增福：「名流雅集，陸郎入坐，應對如流，敏慧無匹。余最愛其每吐一語後，粲然啟齒一笑，音韻幽清如聞玉磬，釋卻春愁萬斛」。〔註81〕即描寫演員擅長在交際場合談話，並在適當時機展開笑容，因此非常合乎文人的喜好。

善談吐交際的例子，還可見於《日下看花記》形容朱天壽「生性靈敏，滔滔善辯，真如生龍活虎，不可捕捉。與之飲，無有不醉者。」〔註82〕又形容王元林「情性溫和，齒牙伶俐，衷言傾耳，軟語勾心。其慧處真黃金鎖子骨，天成非凡質也。」〔註83〕李添壽「性情柔媚，談吐溫文。竹葉微醺，星眸斜睇。一顰一笑，能使騷客解頤、醉人醒夢。」〔註84〕趙慶林「年甫總丱，而舉動從容，齒牙伶俐，與之談論，有理有條，輒中竅卻，雖嫻於詞令者，不能不為所折服。」〔註85〕

以上這些例子，較強調的是演員的性情談吐，而非外貌；類似「滔滔善辯」、「齒牙伶俐」這樣擅於言語的特質也受到重視，並得到正面評價。《眾香國》的演員分類中，就特別列出了〈慧香〉一類，收錄不少這類談吐反應靈敏的演員。

從男性特質的角度來看，能言善道等能力，具有正面意涵。例如在描寫「繡口工談」的張雙林時，《日下看花記》說他的談話：「議論生風，千百英

〔註79〕李艷梅，〈「審美性」與「體貼」──論《紅樓夢》的女性文化意涵〉，《貴州學報（社會科學版）》，21：3（2003），頁93～103。
〔註80〕沈德符，《萬曆野獲編》（北京：中華書局，1959），卷24，頁621。
〔註81〕小鐵笛道人，《日下看花記》，卷2，《清代燕都梨園史料》，頁71～72。
〔註82〕小鐵笛道人，《日下看花記》，卷4，《清代燕都梨園史料》，頁94。
〔註83〕小鐵笛道人，《日下看花記》，卷3，《清代燕都梨園史料》，頁88。
〔註84〕留春客小史，《聽春新詠》，〈微部〉，《清代燕都梨園史料》，頁163。
〔註85〕眾香主人，《眾香國》，《清代燕都梨園史料》，頁1028。

雄之語。」〔註86〕「英雄」一詞顯示其中具有能言男性特質的想像。另外對於善談吐的寶林「偶爾招至，典斟，善戲謔兮，仍自存身分，肆應纏綿周緻，無異王導彈指說蘭闍也。」〔註87〕以善用幽默言語，在宴會中帶動氣氛的東晉丞相王導來比喻，〔註88〕也是屬於善談男性的想像。

從女性特質的角度來看。在描寫名妓和才女的傳統中，聰慧反應靈敏也常常是受到稱讚的特質。例如在《青樓集》中形容女演員樊香歌「善談謔」、〔註89〕張怡雲「善談笑」。〔註90〕同樣需接待客人的名妓中，《板橋雜記》即描寫卞賽「若遇佳賓，則諧謔間作，談嬋如雲，一座傾倒。」〔註91〕高彥頤對於明末清初才女名妓的研究中，也指出這些男性文人所喜好的女性，在交際談吐上的能力；〔註92〕而常被引用的才女謝道蘊也是以其聰慧而擅長言語著名。可見這類的特質，在當時人的想像中，絕非僅限於男性所能擁有，而是同時可作為善談文人或聰慧才女的想像。

不過善談的特質，又與另一種女性特質的看法相衝突。如班昭在《女誡》中曾言「婦言：不必辯口利辭也。」〔註93〕本章第一節中也提到「閑靜」是閨秀女性的重要特質，也就是說善言辭原非一般閨秀的正面女性特質，因此，聰慧善談的特質並非所有花譜作者都喜好，如《眾香國》雖提到周大翠因為「淳而且憨，與人相處，渾渾然如不甚款洽，論者多為黛雲惜。」〔註94〕亦即因為不善言談，而評為可惜，但《眾香國》作者認為「余正以此取黛雲也。寧靜無躁，額樸無華，以視工粉飾，耀輿服而趾高氣揚者，其雅俗殆不侔矣。」〔註95〕亦即認為不善談吐、「寧靜無躁」、樸實無華的演員反有另一種值得稱

〔註86〕小鐵笛道人，《日下看花記》，卷2，《清代燕都梨園史料》，頁73。
〔註87〕小鐵笛道人，《日下看花記》，卷2，《清代燕都梨園史料》，頁76。
〔註88〕典出劉義慶，《世說新語·政事》：「王丞相拜揚州，賓客數百人，並加霑接，人人有悅色，唯有臨海一客，姓任，及數胡人為未洽。公因便還到過任邊云：『君出臨海，便無復人！』任大悅。因過胡人前，彈指云：『蘭闍！蘭闍！』群胡同笑，四坐並懽」，其中「蘭闍」是梵語中歡悅之意。見《世說新語箋注》，頁173。
〔註89〕夏庭芝，《青樓集》，頁30。
〔註90〕夏庭芝，《青樓集》，頁17。
〔註91〕余懷，《板橋雜記》，頁37。
〔註92〕高彥頤，《閨塾師：明末清初江南的才女文化》，頁124。
〔註93〕班昭，《女誡·婦行》，見范曄，《後漢書》，卷84，頁2789。
〔註94〕眾香主人，《眾香國》，《清代燕都梨園史料》，頁1026。
〔註95〕眾香主人，《眾香國》，《清代燕都梨園史料》，頁1026。

許的特質，可見在談吐的特質上，不同的文人也有不同的偏好。

除了上述較偏於女性的溫柔、體貼，以及兼及男女特質的善談吐、反應伶俐之外，在這類聚會的場合中，常會描寫許多較偏於男性特質的，「豪爽」、「瀟灑」、「英氣」等性情特質。

在《日下看花記》中形容文林「豐神瀟灑，氣韻淡逸。」〔註96〕《丁年玉筍記》形容文蘭「風神爽朗，談吐清勝，眉目間亦時露英氣。」〔註97〕《長安看花記》中描寫陳鳳翎：「豐儀朗澈，笑語俊爽⋯⋯飲量不宏，而意態甚豪。」〔註98〕《聽春新詠》記載陸真馥「性格溫和，言詞爽雅，頗有俠氣。」〔註99〕《燕台花史》寫王金蘭「骨珊珊若神仙，有俠氣。嘗與友人過其居，與之論古今豪傑，瞭如也」。〔註100〕這些形容性情儀態的豪放、英氣、俠氣等用語，在描寫演員時一般被賦與正面的意義。

這一類特質的書寫方式，原本也並非只存在於男性的描繪。例如，明清小說中，有一類具有豪放瀟灑俠氣等等特質的女性，包括如《水滸傳》中梁山泊的女性、《兒女英雄傳》的主角十三妹等女英雄形象。〔註101〕此外，才子佳人小說中具有才能的女主角等也常有俠氣、英氣等特質；，又如《紅樓夢》中掌管家務的王熙鳳、閨秀才女如史湘雲等也贏得「英氣」的形容；此外，有關妓女的書寫中，具有俠氣的「俠妓」也是常出現的形象。因此不能直接假定俠氣、英氣等只屬於男性特質。

然而，在這些具有英氣、豪放、俠氣等的女性人物中，大多是以「像男子」的方式來描寫形容她們。例如女性英雄形象，常以「巾幗不讓鬚眉」這樣的論述來形容，也就是她們被認知爲具有男性勇武特質的女性。〔註102〕而許多才子佳人小說中具有類似特質的女角，常被認爲像男人，或其實是透過女扮男裝來達成的像男人的形象。又如《紅樓夢》中的史湘雲也是以喜好男裝作爲其特色，王熙鳳則是以具有像男性的才能個性而著稱。因此從描寫的方式來看，具有這些特質的女性，其實是具有男性特質的女性，而非是因爲

〔註96〕 小鐵笛道人，《日下看花記》，卷3，《清代燕都梨園史料》，頁79。
〔註97〕 蕊珠舊史，《丁年玉筍志》，《清代燕都梨園史料》，頁342～343。
〔註98〕 蕊珠舊史，《長安看花記》，《清代燕都梨園史料》，頁307～308。
〔註99〕 留春閣小史，《聽春新詠》，〈別集〉，《清代燕都梨園史料》，頁198～199。
〔註100〕 唇橋逸客等，《燕台花史》，《清代燕都梨園史料》，頁1069。
〔註101〕 參見馬克夢，《吝嗇鬼、潑婦、一夫多妻者——十八世紀中國小說中的性與男女關係》，頁292～295。
〔註102〕 關於「巾幗鬚眉論」，可參見合山究，《明清時代の女性と文学》，頁517～568。

這些特質在她們身上存在，而轉化爲一種理想的女性特質。

　　具有這些男性特質的演員，與上述男性化的女性不同的是，他們的實際性別在性別特質想像中，發揮了一定的作用，讓文人更容易將男性特質的想像與他們結合。這裡舉兩個演員由女裝變回男裝的例子，說明他們原本的性別影響了男性特質的想像。

　　在《長安看花記》中描寫蓮喜：「其變爲男子裝，則局度安詳，詞旨婉約，無囂陵習氣。」〔註103〕即強調他變回男子裝時，和扮演女性時不同，而展現出男性特質。

　　而演員楊法齡則是在退休之後，「予從友人訪之，言論風采，如太阿出匣，色正芒寒，令人不可逼視，覺扶風豪士在人目前，一洗金粉香澤習氣。」〔註104〕也就是說，在脫離演藝圈之後，他從原本的女性特質形象——「金粉香澤習氣」，完全轉變爲男性的形象，甚至形容他如「扶風豪士」，〔註105〕具有與男性文人一般的豪邁氣質。

　　《日下看花記》對演員馬福兒的男性特質描寫，更展現了演員的自身性別，與多種性別特質之間的結合和轉換：「一日在歌欄見其跨騾而來，英姿颯爽，絕不類弁而釵者。」〔註106〕其中《弁而釵》是以男男關係、男色爲主題的晚明著名小說，「類弁而釵者」即指如其中角色一般，具有吸引人的男色等相關特質。而當時的男旦演員，一般即被歸在「類弁而釵者」的人物類型之中，因而雖生理性別爲男，但他們一般也被認爲無「英姿颯爽」這樣的男性特質，因此馬福兒作爲特例才會特別被強調。

　　這裡可以與中國傳統戲劇中，特有的以行當爲基礎的反串〔註107〕類比。演員雖然本身爲男性，但作爲一個清代中期北京男風興盛下的旦行演員，他在舞台下的「行當」（亦即一般被人認定應有的理想性別特質）是所謂的「類弁而釵者」，但他的氣質表現，又如同「反串」了「英姿颯爽」的男性特質，

〔註103〕蕊珠舊史，《長安看花記》，《清代燕都梨園史料》，頁321。
〔註104〕蕊珠舊史，《辛壬癸甲錄》，《清代燕都梨園史料》，頁284。
〔註105〕典出李白〈扶風豪士歌〉，指慷慨豪邁之士，見《全唐詩》，卷166，頁1717。
〔註106〕小鐵笛道人，《日下看花記》，卷3，《清代燕都梨園史料》，頁89。
〔註107〕中國傳統戲劇中，「反串」與演員自身性別無關，而是指演出非本身行當的角色，因此男性旦行演員演出與自身相同性別的小生反而屬於反串，詳細介紹參見王安祈，〈兼扮、雙演、代角、反串——關於演員、腳色和劇中人三者關係的幾點考察〉，收入華瑋、王璦玲主編，《明清戲曲國際研討會論文集》（台北：中央研究院中國文哲研究所籌備處，1998），頁625～667。

因而會如同舞台上的反串一樣，特別受到注目。

演員性情中的男性特質，又常與他們的其他女性特質互相交錯。如《日下看花記》中描寫與陳桂林來往時的多種特質：「偶與對飲，卸粧雜坐，灑落不羣，天性爽朗，無傲狠氣，亦無脂粉氣，天然嫵媚，自是可人。」〔註108〕前半寫爽朗灑落等偏男性的性情，以及不具某種女性特質的「無脂粉氣」，〔註109〕但後半同時又強調其「嫵媚」的女性特質，以及不具有「傲狠氣」這樣與暴戾連結的偏男性特質。〔註110〕另如《聽春新詠》形容何玩月「姿容艷麗，體態『婞』娟，秀媚之中饒有英氣。」〔註111〕既有女性的美貌，又結合了男女的特質「英氣」和「秀媚」在一人身上。

這兩個例子中都可看到在演員身上，結合了理想男性和女性特質的形象，這種結合，可能反而成爲這些演員對於文人的一種魅力，〔註112〕這樣的男女同體特色的吸引力，與前述明清小說中，具男性特質的女性角色有異曲同工之處。〔註113〕

整體而言，花譜對性情談吐的描寫，同時注重偏向女性的溫柔體貼、偏向男性的豪爽瀟灑，以及較中性的聰明伶俐善談等不同的特質，反映了演員在陪侍包含文人在內的客人時，所展現的複雜性別特質。而不同的文人，可能因其喜好，各自特別偏好欣賞某種特質的演員，但更常看到許多人對於不同類型，甚至大相逕庭的性別特質同等的欣賞，而無違和之感；甚至這樣的男女性特質，在一個演員身上的互相結合，以及這其中所展現性別特質的跨越，反能帶給文人們更高的興趣。

〔註108〕小鐵笛道人，《日下看花記》，卷1，《清代燕都梨園史料》，頁59。

〔註109〕「脂粉氣」是花譜中常出現的用語，爲一女性特質的展現，但常有負面的意義，因二字以化妝用品比喻一種女性特質，其中有妝扮的意思，因此會與「假」、「不眞」的負面價值結合，例如在李漁的戲劇《無聲戲》中，劇中角色講到對於女性的可厭之處時，就指出「塗脂抹粉，以假爲眞，一可厭者」，見李漁，《無聲戲》（杭州：浙江古籍出版社，1987），第6回，頁110。

〔註110〕意爲個性倨傲狠戾，一般用以形容男性，又可指古代的一種兇獸。

〔註111〕留春閣小史，《聽春新詠》，〈別集〉，《清代燕都梨園史料》，頁206。

〔註112〕龔鵬程，〈品花記事：清代文人對優伶的態度〉即中認爲同時具男性與女性的性質是這些文人所欣賞的對象。

〔註113〕關於明清小說中雌雄同體女性角色的描寫研究，可參見 Zhou Zuyan, Androgyny in Late Ming and Early Qing Literature.

第四節　「男女之防」？情與慾，情與利之間的對比

　　除了前兩節所述的文才、性情的描寫之外，花譜的文人作者也會將道德品性上的特質，視為理想演員形象的一環。主要包括不輕易展露色相、重情輕利等，其中反映文人相關理想性別特質的投射，以及文人與演員之間理想關係的形塑。

　　在花譜中，演員的身體外貌是受重視的一環，也因此有許多文字，描寫讚美演員身體外貌的迷人（將在第四章中進一步探討）。然而，其中也會用「淫」「逸」「冶」「妖」等具有過度展現身體意涵的詞語，來批評某些演員，並稱讚不任意展露色相的演員。本章第一節探討的閨秀女性形象，也有類似的情形，這種要求頗類於傳統中國女性的理想道德，強調在身體的「防」，但在花譜中用來規範的性別為男性，且原本即以表演為業的演員。

　　由於花譜中所挑選介紹的，大多為作者所偏好的演員，因此在展露色相的問題上批評演員的情形較少。其中如「姿態明豔，鮮有韻致」的演員戈蕙官，《燕蘭小譜》批評他「徒事妖冶以趨時好，餘甚惜之。」〔註114〕認為他的演出方式因為逢迎當時人喜好，過於追求「妖冶」，妖冶一詞一般用於描寫女性外貌極佳，但同時亦常有不莊重的意涵。

　　《燕蘭小譜》又提到：「近日歌樓老劇冶豔成風，凡報條有《大鬧銷金帳》者（以紅紙書所演之戲貼于門牌，名曰『報條』。）是日坐客必滿。魏三《滾樓》之後，銀兒、玉官皆效之。又劉有《桂花亭》，王有《葫蘆架》，究未若銀兒之《雙麒麟》，裸裎揭帳令人如觀大體雙也。未演之前，場上先設帷榻花亭，如結青廬以待新婦者，使年少神馳目瞬，罔念作狂，淫靡之習，伊胡底歟？」〔註115〕批評當時受到魏長生的影響，一些知名旦行演員為吸引觀眾，在演出特定劇目時過度展露身體，這裡且將常用於正面形容美貌的冶豔視為缺點。

　　較常出現的，是以正面稱讚不輕易展露色相的演員。如韓學禮「不事豔冶，惟取曲肖形容。」〔註116〕讚許他重視演技而不只重外表華麗。豔冶一詞雖也近於妖冶，但其中展露色相的負面意涵稍少，原本在許多情形下是正面描寫外貌的詞語，〔註117〕但「不事豔冶」在這裡仍然被視為一個優點。又如《燕蘭小譜》

〔註114〕安樂山樵，《燕蘭小譜》，卷2，《清代燕都梨園史料》，頁21。
〔註115〕安樂山樵，《燕蘭小譜》，卷5，《清代燕都梨園史料》，頁47。
〔註116〕安樂山樵，《燕蘭小譜》，卷4，《清代燕都梨園史料》，頁39。
〔註117〕如余懷，《板橋雜記》，頁47。形容董年「秦淮絕色，與小宛姊妹行。艷冶之

形容劉鳳官「是日演《三英記》，無淫濫氣象。」〔註118〕這裡把過度展露色相以「淫濫」一詞描寫，其負面的程度又更甚於前述的冶豔、妖冶等。

又如李琴官「嘗演《裁衣》，風流醖藉，有企愛之神，無它斜之態。詩云：『既見君子，我心則降。』吾於斯劇恍然也。若他人之始莊而終浪者，徒見其醜穢耳。」〔註119〕將演戲時的姿態與道德結合，認爲他的演出，與演出該劇時，展現出「浪」、「醜穢」的其他演員不同，甚至以「君子」這樣一般形容男性的用語來形容。另《消寒新詠》評論李增官「韶年介逸，素質輕盈，未嘗賣弄妖嬈，體態生香。」〔註120〕也表達了文人們對於演員不輕易在舞台上賣弄色相的肯定。

除了在舞台上的演出表現之外，演員平時的舉止，也常與這樣的價值判斷相連結。如《日下看花記》描寫江金官：「偶交臂遇之肆應中，仍自謹持，無佻達輕儇之習，猶帶芝蘭臭味，不同凡豔爭春，足以愜素心焉。」〔註121〕稱讚他平常的待人接物，都沒有輕浮不莊重的姿態，也「不同凡豔爭春」，即像其他人一樣爭相對人展露色相。又如王五兒：「友人招與同飲，舉止落落，無浮浪惡習。視之更覺嫵媚。」〔註122〕這裡甚至強調舉止不浮浪，反而能增加能吸引人的女性特質「嫵媚」，亦即以是否吸引人的角度，來評論展露色相的舉止。

這種對於演員身體或儀態的評定方式，與第二章中所提到的打茶圍和男男性關係風氣有關。明末清初以來，階層較高的男性與優童間的同性關係成爲社會風氣，〔註123〕到了清中葉，以私寓爲交易空間，進一步從事性交易，也是這些旦行演員的尋常生計之一。〔註124〕雖然已成爲風氣，且文人很可能爲實際的參與者之一，但對花譜作者來說，那種豪客式的男男性關係，並非他們所樂於呈現；因而在花譜中，便將這種關係視之爲低下，於是對於男旦的描寫，強調他們演員身體的「防」的價值，而能免除這種「流俗」的演員，就被認爲是「出污泥而不染」。

名，亦相頡頏」，這裡的用法就純粹是稱讚其外貌美色，而無負面意義。

〔註118〕安樂山樵，《燕蘭小譜》，卷2，《清代燕都梨園史料》，頁19。
〔註119〕安樂山樵，《燕蘭小譜》，卷4，《清代燕都梨園史料》，頁38。
〔註120〕鐵橋山人等，《消寒新詠》，卷2，頁38。
〔註121〕小鐵笛道人，《日下看花記》，卷2，《清代燕都梨園史料》，頁66。
〔註122〕安樂山樵，《燕蘭小譜》，卷2，《清代燕都梨園史料》，頁22。
〔註123〕參見吳存存，《中國性愛風氣》，頁125～131。
〔註124〕王照璵，〈清代中後期北京品優文化研究〉，頁197～202。

出污泥而不染的形象，如愛齡（字小香）「曾有傖父以多金啗小香，屢逼之。小香如墨守宋，不窮於應。最後且恚且脅，不勝其嬲，痛哭而罷，後來之秀，守身如玉。」〔註125〕《辛壬癸甲錄》則引周敦頤〈愛蓮說〉「出淤泥而不染。」來形容楊法齡。〔註126〕《日下看花記》則評論李雙喜：「為人端重寡言，抑然自下，絕無輕浮氣習。色不華而清妍自致；眼不波而秀媚自含。……南湖漁者以蓮花目之，謂其獨立亭亭，出污泥而不染。李郎殆潛心習藝，自獻所長，不隨風氣轉移者。」〔註127〕都表現出欣賞演員身處當時風氣下仍能潔身自好，甚至以形容貞節婦女的「守身如玉」來形容，展現了這種身體之防的想法。

《消寒新詠》中對演員沈四喜的批評，即反映對看客演員彼此勾搭來往的所謂「時好」的不滿：「第五陵豪少豔稱之，謂其秀在目。顧盼時，必雙睫交覷，何等有情，而不覺其近視也。且演劇，能傳神外之神，戲外之戲，觀者莫不為之目炫神馳，余寂以為不然。夫昆戲，乃文人風雅之遺。借端生意，寓勸懲於笑罵中，科白規模無不合拍。雖屬子虛，斷非不近情理者。稍涉於邪，即亂乎正。倚門賣笑妝，余未見其可也。曲喜初到京師，在慶樂園演……男女歡情，都是本文所有，從未節外生枝。余當擊節稱快，謂可以化旦之徒工妖冶，以求時尚者。不意後亦效顰，並至當場演劇時，以一足踢後裙。試問婦人女子閨門中有此舉動乎？昆旦之淫野，始於彼一人，五福特背師而學者耳。四喜非無女人態——兩眉橫翠，秀若遠山。稚細審其聲技，今與昔判若兩人，幾至不堪回首。惜哉！」〔註128〕進而批評演員追求時尚的「妖冶」之風，做出各種不當的動作，甚至直接在演戲時與觀客傳情而涉於「邪」，其中並指出他認為演戲更重在「風雅」，竹醑居士在為《燕蘭小譜》寫跋時也說：「蓋其一片婆心，挽淫靡而歸於雅正。」〔註129〕即呼應了這種想法。

花譜中且進一步指出，一些潔身自愛，不跟隨風氣喜好的演員常不受歡迎，但作者卻肯定這種態度。如張蓮官「不趨時好作妖媚之狀，故豪客未之齒及……因歎如斯麗質，埋沒于皤閣目之儔。遺珠之寧有極耶！」〔註130〕張

〔註125〕蕊珠舊史，《丁年玉筍志》，《清代燕都梨園史料》，頁336～337。
〔註126〕蕊珠舊史，《長安看花記》，《清代燕都梨園史料》，頁285。
〔註127〕小鐵笛道人，《日下看花記》，卷2，《清代燕都梨園史料》，頁80。
〔註128〕鐵橋山人等，《消寒新詠》，卷4，頁74～75。
〔註129〕安樂山樵，《燕蘭小譜》，〈跋〉，《清代燕都梨園史料》，頁52。
〔註130〕安樂山樵，《燕蘭小譜》，卷2，《清代燕都梨園史料》，頁21。

榮官、陳美官「今半學易之年，不爲時賞，然聲容態度尙有典型，視新進浮梁子弟，藉塗飾以爲嬌、濫淫以爲媚者，其丰範翛翛乎遠矣。」〔註131〕雖然不受所謂「時好」的喜愛，但文人們給予這類演員較高的評價。反之，如戈蕙官「不從梨園法曲中來，徒事妖冶以趨時好。余甚惜之。」〔註132〕亦即對他迎合「時好」的做法感到惋惜。

這樣的道德氣質的呈現方式，雖然與明清時代對於女性貞節的要求相呼應，但在花譜中描寫評論時，並非引用清乾嘉時代禮學論述等上層思想，來作爲其價值權威的來源；而是藉由文人的描寫，形塑出一套審美觀和論述，其中置入這樣的道德要求，例如提出不過度展露色相更具女性吸引力，強調適當的言行更符合「雅」的追求，以及對所謂時好的批評等。

爲了形塑這套論述，文人們試圖畫出一條界線，區隔重視演員色相外貌之美，以及過度展露或出賣肉體。例如，四喜官被評爲「涉妖妍而無惡習。」〔註133〕亦即認爲在色相「妖妍」和進一步的「惡習」之間尙有一界線存在。也就是說，相較當時官方和一些士人，批評戲曲中可能的淫欲等道德危害，或直接主張禁制戲劇，〔註134〕愛好戲劇和演員的花譜作者們，試圖將情色與淫欲與加以區隔，營造「好色而不淫」的標準。因此一方面有防「淫欲」之心，另一方面合理化他們對外貌的欣賞，並歌頌士優之間的知心眞情。文人並且如第二章中所提到的，常以對這樣的標準，來區分「豪客」、「當時風氣」與自身之間的品味差異。〔註135〕

在《品花寶鑑》中，作者所形塑的對比形象，就表現了這樣的差別。主角梅子玉及徐子雲是有品味而重情的士人，主要的反面角色奚十一則是只重色欲。其中文人徐子雲也提出一套重色防欲的看法，「你們眼裡看著自然是女孩子好，但我們在外面酒席上斷不能帶著女孩子，便有傷雅道。這些相公的好處，好在面有女容，身無女作，可以娛目，又可以制心，使人有歡樂而無欲念，這不是兩全其美。」〔註136〕就展現了這種重色但制欲念的看法。而王恂更把情、

〔註131〕安樂山樵，《燕蘭小譜》，卷3，《清代燕都梨園史料》，頁28。
〔註132〕安樂山樵，《燕蘭小譜》，卷2，《清代燕都梨園史料》，頁21。
〔註133〕安樂山樵，《燕蘭小譜》，卷4，頁34～35。
〔註134〕例如王曉傳，《元明清三代禁毀小說戲曲史料》，頁227～230。
〔註135〕可參見王照璵，〈清代中後期北京品優文化研究〉，頁203～206。他將這種情形描述爲文人心中的情欲拔河。
〔註136〕陳森，《品花寶鑑》，11回，頁133。

色的對比講得更明白：「世惟好色不淫之人，始有眞情；若一涉淫藝，情就是淫藝上生的，不是性分中出來的。」〔註137〕清楚地把對比情和淫，認爲淫藝會傷害眞情。

這種對情的推重，承襲了晚明清初以來文人重「情」的想法。〔註138〕這樣的想法，使文人們也特別推崇重情甚於重金錢的演員形象。花譜作者文人們作爲經濟上較弱勢的一群，〔註139〕在金錢與情義之間，強調情義而輕金錢是一種較無疑慮的論述方式。在《日下看花記》中對何聲明的描寫，即提到「不言阿馨乃多情」〔註140〕的看法，點出了文人認爲金錢和眞情之間的對立關係。

花譜中強調重情輕利，也可與當時認爲演員重利無情的印象作對比。《消寒新詠》的作者問津漁者曾寫到「世人最不可交者，梨園子弟也，彼雖出身微賤，自少而壯，罔知稼穡艱難。衣極華，食極其美，珠玉錦繡極其欲，其果力之所致歟？要不過以媚骨諂逸寂人之物而不覺耳。墮其中者，見則生憐。傾囊而與，猶恐不得其歡心，是以悟之者鮮。」〔註141〕指出演員常靠媚於人的方式得到好的生活，因此一般演員皆無情。《品花寶鑑》中也批評了一些媚人好利的演員：「翠寶玉美等，不過狐媚迎人，娥眉善如，視錢財爲性命，以衣服作交情，今日迎新，明日棄舊。」〔註142〕

也因爲這種對演員的一般印象，能輕利而不降低自身品格媚人的演員就備受稱許。如武福慶「天性耿介，不爲利動，不爲勢屈……優伶而有氣骨，不

〔註137〕陳森，《品花寶鑑》，24 回，頁 296。

〔註138〕關於晚明重情的研究非常多，可參見王璦玲，〈晚明清初戲曲審美意識中情理觀之轉化及其意義〉，《中國文哲研究集刊》，19（2001），頁 183～250；王璦玲，《晚明戲曲之審美構思與其藝術呈現》（台北，中研院文哲所，2005），頁 31～157。高彥頤，《閨塾師》，頁 68～121；城山昇，《明清時代の女性と文学》，頁 1～29。

〔註139〕花譜作者並非都能確定，但許多是科場官場上失意的文人，相對於富商、官員等，財力上較爲不利，參見么書儀，《晚清戲曲的變革》，頁 330～331。但並非代表這些文人們不從事與演員間的金錢往來，而是用一種美化的方式，強調以「情」爲主的往來。

〔註140〕小鐵笛道人，《日下看花記》，卷 4，《清代燕都梨園史料》，頁 100。「阿馨」即指金錢。

〔註141〕鐵橋山人等，《消寒新詠》，卷 4，頁 84～85。

〔註142〕陳森，《品花寶鑑》，第 12 回，頁 150。

可沒也。」〔註143〕「薰卿居京師，從士大夫，長揖不拜。儈父頗用相訾謷。惟龔定菴禮部議論與餘合。此正汲長孺所謂：『大將軍有揖，客顧不重耶。』」〔註144〕顯示其不媚人的自尊。如朱大爭「性情肫摯，喜與翰墨爲緣，有王夷甫之風，口不言錢，梨園中有心人也。」〔註145〕這幾個輕利而不媚人的例子中，看到的是具男性特質的，類似有氣骨，不折腰的文人形象。

相對於偏重男性特質的形象，也有強調重情輕利的女性形象。如另一同名演員陳桂林「卸妝與語，眞摯無澆薄氣。席間則酬酢殷勤，辭色和順，又迴異見金夫，不有躬者。」〔註146〕其中「見金夫，不有躬」典出自《易經‧蒙卦》，是指見到有錢的人就羨慕而失身的女人，用描寫女性的典故，來比喻他是眞性情，而非見錢即巴結人的演員，在這個典故中，也結合了金錢與對自己身體的防。

此外，也有重情重義而有如文人女性伴侶的例子，如「蘇伶有號『碧成夫人』者，姓李名桂官，字秀章，吳縣人。昔在慶成部，名重一時，嘗與某巨公鄉誼，時佐其困乏，情好無間。後巨公涖外省，桂官亦脫身同往，於今十數年矣。聞其慷慨好施，頗無資蓄，是優伶中之勇於爲義者，是可識也。」〔註147〕指出演員與士人（畢沅）之間的情義關係，且以「碧成夫人」這樣的綽號來稱呼，特別描述彼此關係類似於夫妻一般，即強調其女性特質的一面。

爲展現重情的價值，花譜中有許多故事性的描寫。如《清寒新詠》中描寫桂齡官，因爲有一客人雨哲去世，「桂於後數日聞知，親自奔至，痛哭流涕，哽咽不能出言，同寓諸公咸異之，漸稍止之數數。」〔註148〕由情感的描寫，強調他對客人重情重義的一面。

另有一例，表達情感的對象雖然是商人而非文人，但也在表揚重情輕利的演員：「昔蘇伶唐玉林、方蘭如，長洲人，在慶成部一時之彼美也。秀州某賈與之契好。所有貿易之資，盡耗於淺斟低唱中。既而賈以逋負被縶，二人告其友曰：『賈之事，公所知也。倘藉公之力，爲渠解紛，則二千金之助。吾兩人在，何至廢業失所？』友感其言，爲之平章息訟。未幾，賈復與他伶狎。

〔註143〕眾香主人，《眾香國》，《清代燕都梨園史料》，頁1027。
〔註144〕蕊珠舊史，《辛壬癸甲錄》，《清代燕都梨園史料》，頁285。
〔註145〕小鐵笛道人，《日下看花記》，卷4，《清代燕都梨園史料》，頁100。
〔註146〕小鐵笛道人，《日下看花記》，卷2，《清代燕都梨園史料》，頁65。
〔註147〕安樂山樵，《燕蘭小譜》，卷5，《清代燕都梨園史料》，頁42。
〔註148〕鐵橋山人等，《消寒新詠》，卷2，頁31。

二人愴然曰：『溺不可拯也，我不負賈而賈實負我矣！』其金遂絕。噫！誰謂此輩中無眞情俠骨者耶？」〔註149〕這個例子，一方面強調二位演員重情義「眞情俠骨」，一方面還要強調這位商人受演員之助卻又「與他伶狎」，指出他反而不如演員重情義專情。這樣的故事對於有情義演員的描述，與名妓書寫中，強調重情義的妓女對與賞識自己的恩客之間的關係如出一轍。〔註150〕

　　除了情的理想形象，這樣的描寫，也藉由營造文人所希望的、以情爲基礎的士優關係，肯定文人自身的價值。以下兩則文人與演員之間來往的記述可看到這點。

　　《日下看花記》描寫文人們和演員寶林的來往：「偶爾招至，典斟，善戲謔兮，仍自存身分，肆應纏綿周緻，無異王導彈指說蘭闍也。越溪漁隱以合歡一盃酒，遂以丹桂目之。寶林相士之明，其殆有過於負羈妻親觀狐趙耶。然漁隱自酬一絕外，意殊灑然。而寶林至今拳拳然。我爲寶林憾，更爲漁隱愧也。」〔註151〕這段描寫中，因寶林從開始往來時，即視文人越溪漁隱爲人才，而強調寶林有「相士之明」，並且比喻以春秋時代負羈的妻子，〔註152〕等於抬高了文人自身聲價，此外並強調寶林的重情，最後他還稍指責了越溪漁隱的不解風情。

　　《聽春新詠》中一段演員與文人間「傳情」的描寫更爲生動：「漪蓮未出歌臺時，余與林香居士同往觀劇。繡幕微開，璧人宛在，不覺目爲之注，然猶仙樹有花難問種也。郎即搴簾凝視，竟日不移，淺笑微噸，目挑眉語，一如深識我兩人者。越半月，有友盛稱漪連之美，往視之，即前窺簾人也。是時漪蓮芳名藉甚，豪家貴客爭與之游，而於我二人輸情送意，繾綣流連，屢見悉如前度。夙緣耶？慧眼耶？果何修得此耶？」〔註153〕強調漪蓮作爲知名演員，不理會「豪家貴客」，反而對他兩人有情意，除強調緣分之外，特別稱其「慧眼」。事實上從文中來看，究竟他是否眞對二人有情意，或是文人自己自作多情過度吹噓很難確定，但從中可以看到浪漫化了演員對文人的「情」，

〔註149〕安樂山樵，《燕蘭小譜》，卷5，《清代燕都梨園史料》，頁42。
〔註150〕參見嚴明，《中國名妓藝術史》，頁210～219；龔斌，《情有千千結：青樓文化與中國文學研究》，頁278～294。
〔註151〕小鐵笛道人，《日下看花記》，卷2，《清代燕都梨園史料》，頁76。
〔註152〕春秋時晉國重耳過曹國，曹君不禮遇，僖負羈的妻子勸丈夫禮遇重耳，後重耳即位後攻打曹國執曹君，僅僖負羈家不受兵災。後因以負羈妻作爲有見識女性的代稱。
〔註153〕留春閣小史，《聽春新詠》，〈西部〉，《清代燕都梨園史料》，頁187。

並藉此抬高自己地位。

　　綜合本節所討論，花譜中塑造了潔身自好以及重情輕利的演員形象，展現了文人對於道德理想性別特質的想像。其中有守身如玉、重情輕利的女性特質，也有潔身自好、有風骨重情義的男性特質。而好色不好淫的主張，以及重情輕利的演員形象，更用以形塑文人理想中的的士優關係，藉由文人與演員間風雅浪漫感情的營造，也提高了文人自身的位置。

小　結

　　本章從女性比擬、文才、談吐、德性等幾個角度，探討了花譜所塑造的演員形象中，所反映文人心目中的理想性別特質。

　　從這些性別特質中，可看到雖然演員作為與文人社會階層相異的男性，但花譜中形塑演員形象時，出現了以閨秀女性、男性文人式的性別特質想像，如相關的文才、性情、道德要求等，這種現象不代表他們被視為同階層，而是文人透過演員反映文人心目中理想的形象特質。

　　另一方面，在花譜中文才、談吐、重情等形象的特質和書寫方式，有許多類同於與演員身分地位較相近的妓女，但相較於士人和閨秀女性，卻少有直接以妓女或相關人物來比擬，而僅作為隱藏性的參照形象，顯示文人希望將演員的形象，以及理想性別特質與妓女形象有所區隔。

　　對於文人來說，藉由對於演員形象的描繪，也形塑了自身在戲劇界的地位。演員閨秀形象的重視欣賞，強調自身較高階層的品味；由具文才演員的描寫，也增強了文人自身價值觀的影響力；而透過對於淫欲時好的批判，以及文人與演員關係中情的描寫，更是提高了文人，而貶低了「豪客」的形象。

第四章　花譜中的身體書寫

　　除了前一章討論的幾種性別特質之外，在花譜文人作者的重色觀點之下，有關演員外貌的描寫成為花譜中重要的一環。文人對演員身體各部位的描寫，既承繼了部分前代書寫美女著作中的形容方式，也形塑了一套美的理想。從整體外貌、膚色身材、面部唇齒的描寫中，可以看到描繪男性演員的身體美時，其中所具性別意涵的想象，而足部的缺席，則顯示了天生的性別仍具有區隔性別的作用。

　　明清時代小說中的許多男性形象，展現出當時外貌描寫與性別間的複雜關係。如宋耕探討中國小說中的文弱書生形象，認為那是一種中國傳統的男性特質；[註1] 黃衛總則指出在才子佳人小說中，常有一些具有女性化外貌的男性，且這樣的外貌成為男主角吸引女性的條件之一，亦即反而構成其男性特質展現的重要一環，主角們並不因這樣的外表而不具男子氣概。[註2] 此外，清代小說《紅樓夢》、《品花寶鑑》中的男性士人主角，也有類似的外貌型態，除了一般所熟知的賈寶玉之外，如《品花寶鑑》對主角梅子玉外貌的描寫是「貌如良玉，質比精金，寶貴如明珠在胎，光彩如華月升岫。」[註3]

　　這種明清時代美貌男性的特色，[註4] 使得要判別演員外貌描寫中的男性或女性特質更為困難，不能直接將一些當代認為女性化的外表視為女性特質。

〔註1〕　Geng Song, *The Fragile Scholar: Power and Masculinity in Chinese Culture*（Hongkong: Hongkong University Press, 2004）．

〔註2〕　Martin Huang, *Negotiating Masculinities in Late Imperial China*（Honolulu: University of Hawai'I Press, 2006）, 135～137.

〔註3〕　陳森，《品花寶鑑》，第1回，頁2。

〔註4〕　較多的例子可參見吳存存，《明清社會性愛風氣》，頁262～271。

在《品花寶鑑》中，也有主張認爲男性和女性的美無需明確界線。如田春航說：「今人好女色，則以爲常，好男色，則以爲異，究竟色就是了，又何必分出男女來。」〔註5〕就認爲色無需有男女之別。。

儘管如此，但在外貌描寫的脈絡中，不時仍可析辨出對於女性特質或男性特質的不同想像。例如小說中，常形容美貌男主角「如美婦人一般」〔註6〕、「無異女貌」〔註7〕等，梅子玉亦曾被形容爲「眞有深閨處女屏角窺人之態」，〔註8〕這樣的比擬方式，就可看出撰寫著仍視該種樣貌爲女性應有的特質，只是恰好存在於男性人物身上。

第一節　重色的花譜與一般外貌的描寫方式

花譜中對身體外貌的大量描寫，反映出撰寫花譜的文人們對「色」的重視。在演員描寫中，色常與演技等能力的「藝」並列，合稱爲「色藝」，〔註9〕如第二章介紹的書寫演員傳統中，元代描寫女演員的《青樓集》，即展現了對「色藝」同等的重視，〔註10〕而在花譜中，對色的要求重視更常超過了藝。

晚明以來，文人即形成一種喜好品評美色，並視之爲風雅的觀念；〔註11〕對於各種女性，甚至包括閨秀的描寫中，都開始更重視女性的外表，〔註12〕並藉由婦容意義的擴大，將外貌視爲才德二者的展現。〔註13〕清初文人仍持續了這種想法，例如李漁的著作對於女性容貌的深入研析，〔註14〕袁枚更形成一套自身的「好色」論述。〔註15〕花譜中重色的想法，即與晚明清初以來

〔註5〕 陳森，《品花寶鑑》，12 回，頁 147～148。
〔註6〕 如晚明小說《浪史》中的主角浪子，見吳存存，《明清社會性愛風氣》，頁 263。
〔註7〕 清代小說《杏花天》中描寫變童花俊生之詞，見古棠天放道人編次，曲水白雲山人批評，《杏花天》（台北：雙笛國際事務有限公司，1994），第 1 回，頁 4～5。
〔註8〕 陳森，《品花寶鑑》，15 回，頁 188。
〔註9〕 潘麗珠，《清代中期燕都梨園史料評藝三論研究》（臺北：里仁書局，1998）中，即認爲「色藝論」是花譜中主要三種評論方式之一。見頁 128～134。
〔註10〕 爲目前所知最早提出以色藝二字來品評伶人的文字。可參見潘麗珠，《清代中期燕都梨園史料評三論研究》，頁 130。
〔註11〕 王鴻泰，〈明清文人的女色品賞與美人意象的塑造〉，《中國史學》（京都），16 期（2006 年），頁 83～100。
〔註12〕 高彥頤，《閨塾師：明末清初江南的才女文化》，頁 124。
〔註13〕 高彥頤，《閨塾師：明末清初江南的才女文化》，頁 170～174。
〔註14〕 李漁，《閒情偶寄》，卷 6，頁 116～133。
〔註15〕 合山究，《明清時代の女性と文學》（東京：汲古書院，2006），頁 110～154。

這些思想相呼應。

　　以北京品優文化爲背景的小說《品花寶鑑》中，文人角色田春航就提到了他重色輕藝的觀點：「我是重色而輕藝，於戲文全不講究。腳色高低，也不懂得，只取其有姿色者，視爲至寶。」〔註16〕可說是當時觀劇文人重色輕藝想法的極致展現。

　　實際上花譜的作者們，不至於像小說中人物提出這麼極端的觀點，他們在花譜中常表現出非僅是好色，而是同時強調對演員各種特質的品味（如第三章中所探討的各種特質），以及自身對戲劇的了解等，不過實際上仍對於演員外貌甚爲重視。

　　從幾部花譜的敘及凡例便可看到重色的想法。如《燕蘭小譜》的作者自認爲該書是「識豔之書」，並提到「諸伶之妍媚，皆品題於歌館，資其色相，助我化工。」〔註17〕雖然並非把外貌看作是唯一描寫的目標和品評標準，但可看出對色相的重視。〔註18〕《眾香國》的凡例中，更指出「徵歌必先選色，是集甲乙，皆就現在論定。即向日冠歌壇而負盛名者，春花花殘，不得不姑從抑置。」〔註19〕即強調將色相視爲比唱工更優先的演員選擇條件。

　　其餘花譜雖不在敘中直接表明色的重要，但實際上多數的演員評述中，都有外貌的描寫，而在評述內容中也不時反映這種重色的心態。如《日下看花記》記彭桂枝「然具此蘭姿玉質，花非解語，月固多情，不必徵歌，即以彭郎作花月觀可也。」〔註20〕即認爲其外貌甚佳，因此戲唱得如何反而並不重要。

　　此外，如第三章第四節所討論的，文人將這種對於美、色的追求，與進一步身體上的淫欲之間畫上界線，並強調所謂好色而不好淫，這樣的看法也影響他們對於演員身體描寫的方式。

　　花譜對於演員身體外貌的描寫可以分成幾個方面，這裡引用《品花寶鑑》中，文人田春航講到對於相公們的「可寶處」中，以身體外貌的各部分來作

〔註16〕陳森，《品花寶鑑》，第13回，頁160。

〔註17〕安樂山樵，《燕蘭小譜》，〈弁言〉，《清代燕都梨園史料》，頁3。

〔註18〕么書儀認爲《燕蘭小譜》成書在打茶圍私寓活動真正興盛之前，因此比較重視台上的色相及演技。其後因這個行業的興起，使文人與演員直接接觸機會增加，因此演員的性情、風致等開始被重視，見氏著，《晚清戲曲的變革》，頁91～92。不過雖然偏重不同，外貌的重視是前後期花譜共同的特色。

〔註19〕眾香主人，《眾香國》，《清代燕都梨園史料》，頁1017。

〔註20〕小鐵笛道人，《日下看花記》，卷2，《清代燕都梨園史料》，頁69。

分類，他說：「玉軟香溫，花濃雪豔，是爲寶色。環肥燕瘦，膩骨香，是爲寶體。明眸善睞，巧笑工顰，是爲寶容。……」〔註21〕其中寶色可視爲整體性的外貌述寫，寶體則是身材皮膚等的描寫、寶容則是面部外形的描寫。本章以下即分別就這幾個方面來討論。

花譜中對於演員身體外貌的描寫方式，部分可溯自元代描寫女演員的《青樓集》。《青樓集》對於演員外貌，大多屬一般性的描寫讚賞，例如小玉梅「姿格嬌冶」〔註22〕、聶檀香「姿色嫵媚」〔註23〕、南春宴「姿容偉麗」〔註24〕、汪憐憐「美姿容」〔註25〕、周喜歌「貌不甚揚」〔註26〕等。花譜中這一類的描寫方式更多，如陳銀官「明豔韶美」、〔註27〕玩月「姿容豔麗」、〔註28〕王桂人「貌不異人」〔註29〕等等。兩相比較可以發現，花譜中描寫男演員外貌的一般形容詞語，與《青樓集》對女演員的描寫頗多類似。

除了《青樓集》之外，從第一章所述的幾部優妓書寫作品如《鶯嘯小譜》、《板橋雜記》、《青泥蓮花記》中，也可看到許多更深入的身體描寫，其他明清時代探討或描寫女性美的作品，如衛泳的《悅容篇》、李漁的《閒情偶寄》，也有類似的描寫方式可比較。

在整體性的外貌形容上，上述例子中提到的「豔」，是最常見的正面形容外貌的詞彙，在分類品評演員的《眾香國》中，即將「豔香」一類排在最前面，用以收錄他認爲外貌出眾的演員。〔註30〕另一部花譜《曇波》的〈贊〉中也有「豔品」一門，描寫「一顧傾城」的演員翠琴。〔註31〕《鶯花小品》中對於演員的分類，更是以艷字爲基礎，其上加上一個單字，來呈現每一演員的特色。〔註32〕

〔註21〕陳森，《品花寶鑑》，13 回，頁 162。除此三類之外尚有四種可寶之處，但是在儀態、歌藝等方面而非身體描寫。
〔註22〕夏庭芝，《青樓集》，頁 30。
〔註23〕夏庭芝，《青樓集》，頁 21。
〔註24〕夏庭芝，《青樓集》，頁 22。
〔註25〕夏庭芝，《青樓集》，頁 34。
〔註26〕夏庭芝，《青樓集》，頁 26。
〔註27〕安樂山樵，《燕蘭小譜》卷 2，《清代燕都梨園史料》，頁 17～18。
〔註28〕留春閣小史，《聽春新詠》·〈別集〉，《清代燕都梨園史料》，頁 206。
〔註29〕眾香主人，《眾香國》，《清代燕都梨園史料》，頁 1026。
〔註30〕眾香主人，《眾香國》，《清代燕都梨園史料》，頁 1019。
〔註31〕四不頭陀，《曇波》，《清代燕都梨園史料》，頁 392。
〔註32〕包括文豔、婉豔、柔豔、豐豔、穠豔、嬌豔、妍豔、稚豔、酣豔、纖豔、芳

　　「豔」爲一般形容女性美的用語，即使在前述具女性化外貌的小說男主角中也很少出現，少數例子如《紅樓夢》中形容賈寶玉爲「諸豔之冠」，但也並非直接以豔描寫寶玉，而是指寶玉外貌出色的女性相比最爲出色，表達寶玉外貌女性化的一面，不能據此即認爲豔爲亦可形容男性特質的話語。因此，以豔形容男性演員，一般可視爲其具有女性美的展現。

　　以豔來描寫演員外貌的情況很多。除前面已舉的例子，如章玉美「艷可勝花」〔註33〕、翠霞「娟秀豔冶，肌理細膩，殆無比倫。」〔註34〕「同班中如顧元寶圓熟流利，若與三元相角，則如春花秋月，一艷一莊，兩不相妨，亦兩不相謀也。」〔註35〕袁雙鳳「論豔容，讓小喬」〔註36〕等等，都是常見的描寫。

　　除了最常用的豔字之外，上章曾中提到的「冶」、「妖」等，雖不時帶有貶意，也常用於形容演員的美貌，此外，「妍」、「娟」、「麗」、「秀」、「美」、「韶」以及這些字相組合而成的詞也常出現，而上章提到較偏於氣質態度的「媚」也常與其他單字合用，藉以強調能吸引人的特質。

　　在晚明的一部百科性質著作《事物紺珠》中，收錄了男性和女性美貌的詞彙；並分爲「男美姿類」、「女美姿類」、「男嘉容類」和「女嘉容類」，與上述花譜中常用字相關的詞語中，「美秀」、「妍」被分在男美姿類、「豔麗」、「嬋娟」在女美姿類，而「妖冶」、「妍媚」等在女嘉容類。〔註37〕這一分類不見得代表當時人的普遍看法，而是一種在男性、女性美的界線較模糊的晚明，試圖對男女性外貌加以區隔的努力，〔註38〕但值得作爲參考，可得到一個大概的看法；亦即花譜中對「美」的一般形容詞語中，以女性描寫詞語較多，但也有部分是亦可形容男子美色的用語。

　　除了上述這些詞語之外，用花來比喻演員的美貌，也是常見的方式，這方式且與「花譜」一名相應，也是明末清初品評妓女的花案花榜等書籍中，常見的描寫比喻方式。〔註39〕

　　豔、浮豔、冶豔，見半標子，《鶯花小譜》，《清代燕都梨園史料》，頁 219～221。
〔註33〕留春閣小史，《聽春新詠》，〈徽部〉，《清代燕都梨園史料》，頁 172。
〔註34〕蕊珠舊史，《長安看花記》，《清代燕都梨園史料》，頁 313。
〔註35〕小鐵笛道人，《日下看花記》卷 4，《清代燕都梨園史料》，頁 105。
〔註36〕半標子，《鶯花小譜》，《清代燕都梨園史料》，頁 219～220。
〔註37〕黃一正，《事物紺珠》，卷 10，收錄於《四庫全書存目叢書》（台南：莊嚴文化事業有限公司，1995），子部第 200 冊，頁 699～700。
〔註38〕高彥頤，《閨塾師》，頁 125。
〔註39〕明末品妓文化中，以花比附描寫妓女的方式十分豐富，可參見毛文芳，《物·性

如《聽春新詠》形容章玉美「艷可勝花，玉肌香煖，體熏山麝之臍：紅暈春生，色染薔薇之露。臨風一笑，杏靨增妍，俊眼雙飛，金波散彩。錦塘蓮蕊，遜此輕盈；瑤圃蘭英，輸其嫵媚。」〔註40〕把各種花的特性與他作比較來強調他的美貌。

《辛壬癸甲錄》則將不同的花與各個演員類比，以強調各演員的特色：「王常桂，字蕊仙。壬癸之間，與韻香、冠卿鼎足而立，名在第二，目之日蕊榜。是時韻香爲廣大教化主，是國香也，以韻勝；蕊仙，牡丹也，爲豔品；冠卿，梅也，爲清品。冠卿清不知秋，無復人間煙火氣，標格過蕊仙，而風度不及。然蕊仙所以遜韻香者，亦正以美而豔爲累，不得不讓上界仙人出一頭地耳。蕊仙豐容盛鬒，嚴妝袨飾，往復進退，光動左右。求之凡女子，殆無其匹。」〔註41〕除了牡丹描寫外貌之外，又以蘭花（國香）和梅花比喻描寫氣質韻味。又如史秀林「渾如映月梨花，嬋娟多致，籠煙柳翠，搖曳生春。」〔註42〕言福壽「蘭生空谷，不言而自芳。」〔註43〕都是類似以花來描繪演員外貌的方式。其中花不僅可指外貌，有些也指涉品德氣質、甚至氣味等。

相較於《青樓集》中，大多僅限於本節所討論的一般整體性的外貌描寫，花譜多在一般性描寫之後，進一步將身體各部位分開作較細緻的描寫。雖然在身體各個部位描寫上，不乏陳腔爛調式的比喻描寫，但是這種重複性高，在不同作品中都大量出現的類似描寫方式和比喻，更加能體現其對身體描寫方式，是作爲一共同文化思想資源的意義。下節開始即從對身體各部分的描寫切入，探討其中的性別意義。

第二節　身材與皮膚的描寫

皮膚在花譜身體美的描寫中，是相當受到重視的層面之一。雖然中國傳統戲劇中有畫濃妝的傳統，亦即在舞臺上，演員原本的皮膚顏色深淺，不會明顯影響展現的樣貌。但由花譜中爲數不少對於皮膚的描寫，仍可看出文人對於演員皮膚的重視。在皮膚的相關描寫中，「雪」、「凝脂」、「玉」、「瑩」等

別‧觀看——明末清初文化書寫新探》（台北：學生書局，2001），頁435～441。
〔註40〕留春閣小史，《聽春新詠》，〈徽部〉，《清代燕都梨園史料》，頁172。
〔註41〕蕊珠舊史，《辛壬癸甲錄》，《清代燕都梨園史料》，頁293。
〔註42〕小鐵笛道人，《日下看花記》，卷4，《清代燕都梨園史料》，頁93。
〔註43〕眾香主人，《眾香國》，《清代燕都梨園史料》，頁1022。

－80－

等都是最常用以描寫皮膚的比喻。

「雪」即強調皮膚之白，如四喜官「雪膚蘭質」；〔註44〕王福壽「雪膚花貌」；〔註45〕王桂林「肌膚似雪」〔註46〕等等。凝脂則典出自《詩經·衛風·碩人》中的「膚如凝脂」，常用於描寫比喻演員皮膚潔白柔潤的用語。如《日下看花記》中描寫陳二林「膚若脂凝，貌如玉瑩。」〔註47〕

玉和瑩，則都是以寶石來形容比喻皮膚光潔透明。例如錢元寶「姿膚亦瑩潔不同浮艷」〔註48〕、飛來鳳「玉肌瑩潔」〔註49〕、張雙林「允膚萃玉，十三女子之容。」〔註50〕早期描寫女演員的《青樓集》中即有類似的形容方式，如形容演員賽天香「玉骨冰肌」。〔註51〕

除了這些比喻之外，也多見直接以白形容皮膚的方式。如嚴秀林「白皙嬌妍」；〔註52〕小翠林「肌理白皙」；〔註53〕張發林「白皙清腴」〔註54〕等等。

天生皮膚不夠白的演員，因為這種崇尚白的標準而受到批評，因此常試圖藉妝扮而使皮膚變白。如有狀元夫人之稱的長春「肌膚不甚白皙，當時輕薄者有煤炭捏成一聯。」〔註55〕毛二官：「曆輔不甚白，而假脂粉妝，俳徊於晨月夕，豐神韶秀，腰折回風。」〔註56〕《消寒新詠》作者問津漁者評宜慶班的戲，評論到「人多面目黧黑，醜惡可怖，猶以花粉飾其妝而不知愧。」〔註57〕這裡不僅看出臉白的審美價值影響到演員自身的妝扮，同時也看到對於「天生」白面的重視，因而天生面黑又想假裝為白的演員，反而受到更嚴厲的批評。

〔註44〕安樂山樵，《燕蘭小譜》，卷4，《清代燕都梨園史料》，頁34。
〔註45〕留春閣小史，《聽春新詠》，〈西部〉，《清代燕都梨園史料》，頁185。
〔註46〕留春閣小史，《聽春新詠》，〈別集〉，《清代燕都梨園史料》，頁204。
〔註47〕小鐵笛道人，《日下看花記》，卷1，《清代燕都梨園史料》，頁60。其他例子如安樂山樵，《燕蘭小譜》，卷2，《清代燕都梨園史料》頁19，描寫劉二官；眾香主人，《眾香國》，《清代燕都梨園史料》，頁1024，描寫唐吉祥。
〔註48〕小鐵笛道人，《日下看花記》，卷4，《清代燕都梨園史料》，頁92。
〔註49〕留春閣小史，《聽春新詠》，〈別集〉，《清代燕都梨園史料》，頁205。
〔註50〕小鐵笛道人，《日下看花記》，《清代燕都梨園史料》，卷2，頁73。
〔註51〕夏庭芝，《青樓集》，頁32。
〔註52〕安樂山樵，《燕蘭小譜》，卷4，《清代燕都梨園史料》，頁37。
〔註53〕留春閣小史，《聽春新詠》，〈徽部〉，《清代燕都梨園史料》，頁173。
〔註54〕眾香主人，《眾香國》，《清代燕都梨園史料》，頁1031。
〔註55〕蕊珠舊史，《辛壬癸甲錄》，《清代燕都梨園史料》，頁298。
〔註56〕鐵橋山人等，《消寒新詠》，卷1，頁24～25。
〔註57〕鐵橋山人等，《消寒新詠》，卷4，頁78。

強調皮膚的白，符合中國傳統對女性身體的審美眼光。〔註58〕如清初李漁《閒情偶寄・聲容部》就強調「婦人本質，惟白最難。常有眉目口齒般般入畫，而缺陷獨在肌膚者。」即強調白作為女性美的要素之一。

類似這樣形容膚白的用語，雖然以描寫美女為多，但早期及同時代也用於描寫面貌好的男性，例如在重視男性形貌的魏晉時代的《世說新語》中，即描寫男子杜弘治「面如凝脂」。〔註59〕而在明清的才子佳人小說中，也有所謂「白面書生」的形象，以面白為男性的美的表現。如《品花寶鑑》中，主人翁梅子玉「貌如良玉，質比精金。」〔註60〕都是這種外貌形象的展現。這些男性並非如花譜中男旦一般，常作為男性慾望的對象，也非少數的特例，而是特定一種人物類型；因此皮膚白這項特質，不僅僅是女性特質，同時也是特定類型男性特質的展現。

演員身體身材的描寫中，最被推崇的身材是小而細瘦。例如謝玉林因「身材纖小」，被喻為「懷中婀娜袖中藏」〔註61〕、馬雙全「體質輕盈」〔註62〕、趙翠林「體態娉婷」〔註63〕等，而許雙喜被稱為「嬌小堪憐」，〔註64〕其中「憐」雖亦有同情之意，但同時有「喜愛」之意，這樣的形容，可以看到身材嬌小與「憐」「弱」等特質相結合，這些特質在中國宋代以後常被視為理想的女性特質，對於男性有一定的吸引力。〔註65〕

此外，《眾香國》中替演員分類時，特別開了「小有香」一欄，其中多數為身材較廋小的演員（但也有部分指年齡較小），事實上，當時的演員大多年紀較輕，可能發育尚未成熟，因此有不少身材較小的演員，但也可見廋小的身材在花譜作者心目中，是作為旦角演員很重要的一環。〔註66〕

由於重視身材的細瘦，因此身材較胖的演員多以較負面的方式形容。例如葛玉林「體幹豐肥，色亦中等，然頗饒柔媚姿致。」〔註67〕雖強調他仍有

〔註58〕參見劉巨才，《選美史》（上海：上海文藝出版社，1997），頁251。
〔註59〕劉義慶著，余嘉錫撰，《世說新語箋疏》，〈容止十四〉，頁620。
〔註60〕陳森，《品花寶鑑》，第1回，頁2。
〔註61〕安樂山樵，《燕蘭小譜》，卷3，《清代燕都梨園史料》，頁31。
〔註62〕眾香主人，《眾香國》，《清代燕都梨園史料》，頁1024。
〔註63〕留春閣小史，《聽春新詠》，〈西部〉，《清代燕都梨園史料》，頁183。
〔註64〕眾香主人，《眾香國》，《清代燕都梨園史料》，頁1030。
〔註65〕劉巨才，《選美史》，頁194〜198。
〔註66〕眾香主人，《眾香國》，《清代燕都梨園史料》，頁1030。
〔註67〕小鐵笛道人，《日下看花記》，卷3，《清代燕都梨園史料》，頁84。

其他吸引人的特質，但也反映出肥胖是外貌的缺點。高月官則被評爲「體幹豐厚、顏色老蒼」，〔註68〕可看出身材的胖是當時審美觀中的負面要素。金福壽官「時人僉議其體膀而短，不勝婦女妝。」〔註69〕更因爲身體過寬，而被認爲不適合扮演女性，亦即將身材廋小與女性特質相連結。

此外，也有許多強調身材肥瘦剛好的描寫。例如：戴慶林「腰肢豐約得宜，身材修短合度。……」〔註70〕雖然這樣的描寫不偏於胖或瘦而是強調剛好，但整體而言，花譜中對身材的描寫，幾乎看不到任何因爲過於瘦小，而成爲負面評價的描寫，也可見當時的評價中，仍以旦角演員瘦小爲優。

如上段引文中對戴慶林的描寫，在提及他的身材時，常會特別強調瘦的「腰」以及其衍伸出的姿態。另如唐吉祥「腰肢瘦削」、〔註71〕雙鳳「腰肢娬娜」、〔註72〕劉慶瑞「腰支約素」〔註73〕、王琪官：「腰一捻，輕於綠柳」〔註74〕等等，可看出身材的瘦小可以帶給文人們許多相關的身體部分美感的想像。

此外，也有部分對高眺身材演員的正面描寫，如劉二官「長身玉立」；〔註75〕張才林「其體裁長大，氣宇軒昂。」〔註76〕等等，但遠不及身材嬌小的形容爲多，且這兩個例子中，提及身材高大時，相關的形容包括較偏向男性特質的「氣宇軒昂」，以及男性或女性都很常見的「長身玉立」，均可看到身材廋小與女性特質連結，而身材高大則偏向中性或男性特質。

對於演員的身材描寫，有關「骨」方面的描繪也很常出現，並且最常以「秀」來形容。但其中的「秀骨」一詞，並非總是用來描寫身材，有時則與肌膚甚至氣質品格的描寫較有關。類似的描寫，如劉慶瑞「秀骨亭亭」〔註77〕、福壽「秀骨豐肌」〔註78〕、桂寶「秀骨天成」〔註79〕、玉慶「骨秀神清」〔註80〕等等。

〔註68〕小鐵笛道人，《日下看花記》，卷4，《清代燕都梨園史料》，頁103。
〔註69〕鐵橋山人等，《消寒新詠》，卷1，頁26。
〔註70〕小鐵笛道人，《日下看花記》，卷3，《清代燕都梨園史料》，頁88。
〔註71〕眾香主人，《眾香國》，《清代燕都梨園史料》，頁1024。
〔註72〕留春閣小史，《聽春新詠》，〈西部〉，《清代燕都梨園史料》，頁186。
〔註73〕小鐵笛道人，《日下看花記》，卷1，《清代燕都梨園史料》，頁57。
〔註74〕鐵橋山人等，《消寒新詠》，卷2，頁43。
〔註75〕安樂山樵，《燕蘭小譜》，卷2，《清代燕都梨園史料》，頁18。
〔註76〕眾香主人，《眾香國》，《清代燕都梨園史料》，頁1021。
〔註77〕眾香主人，《眾香國》，《清代燕都梨園史料》，頁1025。
〔註78〕留春閣小史，《聽春新詠》，〈西部〉，《清代燕都梨園史料》，頁185。
〔註79〕留春閣小史，《聽春新詠》，〈徽部〉，《清代燕都梨園史料》，頁161。

　　進一步從上下文較豐富的描寫來看，巧齡「面白而無華色，瘦骨嶙嶙，其秀在目。」〔註81〕汪貴笙「神清骨秀，雖艷粧而無脂粉氣，詩之詠美人謂『清揚婉兮』，清揚在眉目之間，地無些子，非細心領略，則天然之韻致不出。」〔註82〕郝桂寶：「姿獨絕，秀骨天成。瓊樹一枝，英英玉立。」〔註83〕相較於其他身體的描寫，「秀骨」是脫胎於身體本身所延伸出的更抽象、廣泛的氣質形象描寫。

　　「秀骨」在中國傳統書寫中，是男女皆常用的形容詞語。如唐孤獨及〈尚書右丞徐公寫眞圖讚〉以「美目方口，和氣秀骨」形容男性的徐公。〔註84〕李白的〈贈張相鎬二首〉其中的「秀骨象山嶽，英謀合鬼神」。〔註85〕也是形容男性。但如與直接描寫身體的「豐肌」等詞相連，則較多描寫花或女性，如宋代袁去華〈山花子〉詞：「霧閣雲窗別有天，豐肌秀骨淨娟娟。獨立含情羞不語，總妖研。」因此秀骨的形容，並不特別偏重於男性或女性身體的描寫。

　　整體而言，花譜中對身體描寫和評價方式，包括皮膚白，身材細瘦等，主要是文人心目中的女性美與女性特質，對應了男旦在舞台上的女性扮演，但部分特質如面白，亦與當時的美男形象相近。

第三節　面部眉目唇齒的描寫

　　本節探討花譜中對於演員的面部，包括眉目唇齒等部位的描寫，希望說明這些面貌描寫的方式，與男性和女性特質之間的連結。

　　在顏面方面，面部的形狀及顏色都是常出現的描寫，臉形上以瓜子臉、圓臉等受到稱讚，而方臉則獲得比較差的評價。正面的描寫如雙官「臉圍瓜子」〔註86〕王翠官「水團面」〔註87〕等。反面來看小周曲官被形容爲「惜面方不媚」，〔註88〕顯示對方臉的較低評價，以及臉形與吸引人的女性特質「媚」之間的連結。

〔註80〕四不頭陀，《曇波》，《清代燕都梨園史料》，頁398。
〔註81〕小鐵笛道人，《日下看花記》，卷4，《清代燕都梨園史料》，頁95。
〔註82〕小鐵笛道人，《日下看花記》，卷2，《清代燕都梨園史料》，頁70。
〔註83〕留春閣小史，《聽春新詠》，〈微部〉，《清代燕都梨園史料》，頁161。
〔註84〕董誥等編，《全唐文》（台北：大通書局，1979），卷389，頁5001。
〔註85〕彭定求等編，《全唐詩》（北京，中華書局，1959），卷170，頁1756。
〔註86〕小鐵笛道人，《日下看花記》，卷3，頁84。
〔註87〕安樂山樵，《燕蘭小譜》，卷4，頁39。
〔註88〕安樂山樵，《燕蘭小譜》卷4，頁38。

　　面部顏色的描寫，也呼應前節所討論的，重視皮膚的「白」，如張心香「淡白梨花面，嫩巍巍臉兒吹彈得破。」〔註89〕另一方面也重視臉面帶紅潤，且將其與「媚」這樣的女性特質相連結。如張才林「面暈潮紅」，〔註90〕桂林「媚臉潮紅」〔註91〕等等，都展現出文人對於面部帶紅色的喜好。《燕蘭小譜》則近一步以薔薇來比喻演員章玉美紅潤的臉色：「紅暈春生，色染薔薇之露。」〔註92〕如同美女常用的比喻詞「紅顏」「朱顏」等形容美女的詞語一般，把紅臉視為女性美的特質之一。

　　而在面部的紅與白之間也會強調互相調和，「杏臉桃腮」一詞即代表這種美女臉色白而紅潤的特色。〔註93〕如鄭小翠：「杏臉桃腮，卻似半吐的新生月。」〔註94〕《眾香國》中則描寫魯壽林「幾於施朱太赤，著粉太白。」〔註95〕展現出符合女性美的理想面部顏色。

　　其次探討關於眉目的描寫。在中國美女書寫傳統中，一直重視女性眉目的描寫。例如，李漁《閒情偶記》中討論女性面貌時，就強調：「目又為一面之主。相人必先相面，人盡知之，相面必先相目，人亦盡知，而未必盡窮其秘」，又說「眉之秀與不秀，亦復關係情性，當與眼目同視。」〔註96〕不僅認定品評外貌時眼睛的重要性，更將眼睛眉毛的樣態進一步與人的情性相結合。

　　花譜中演員眉目的描寫也很豐富，尤其常出現在演員舞台上形象的描寫中。如《日下看花記》描寫鳳翔「識之於梨園坐上，慧目濃眉，自饒靈秀氣，傅粉施朱，依然韶美。」〔註97〕將眉目與靈秀之氣相連結。

　　另《聽春新詠》描寫小彩林：「一樹夭桃，兩泓秋水。花開四照，光同不夜之珠；價值連城，豔奪無瑕之璧。腰肢輕軟，可想見趙飛燕珮環飄緲，歌臨風送遠時也」〔註98〕這裡則強調眼神的光瑩明亮，擅於傳達情感等，情感

〔註89〕播花居士，《燕臺集豔二十四花品》，《清代燕都梨園史料》，頁1050～1051。
〔註90〕眾香主人，《眾香國》，《清代燕都梨園史料》，頁1021。
〔註91〕小鐵笛道人，《日下看花記》，卷1，《清代燕都梨園史料》，頁58～59。
〔註92〕留春閣小史，《聽春新詠》，〈徽部〉，《清代燕都梨園史料》，頁172。
〔註93〕該詞出自王實甫，《西廂記》（台北：里仁書局，1995），第4本第1折，頁148。用以形容女主角崔鶯鶯。
〔註94〕播花居士，《燕臺集豔二十四品》，《清代燕都梨園史料》，頁1054。
〔註95〕眾香主人，《眾香國》，《清代燕都梨園史料》，頁1019。
〔註96〕李漁，《閒情偶寄》（台北：台灣時代書局，1975），卷6，頁118。
〔註97〕小鐵笛道人，《日下看花記》，卷4，《清代燕都梨園史料》，頁102。
〔註98〕留春閣小史，《聽春新詠》，〈徽部〉，《清代燕都梨園史料》，頁170。

的傳達，即以演員在舞臺上的表現方式與觀賞相結合。

眼神可傳達感情並表現出迷人的姿態。例如第三章第四節中，一些演員與文人之間的眉目傳情的例子，又例如《眾香國》中描寫描寫管慶林「流眉送眼，最易撩人。」〔註99〕《消寒新詠》形容沈四喜「第五陵豪少豔稱之，謂其秀媚在目。顧盼時，必雙睫交覷，何等有情，而不覺其近視也。且演劇，能傳神外之神，戲外之戲，觀者莫不爲之目炫神馳。」〔註100〕也是把眼神與感情的傳達相結合，由「秀媚」等形容詞，也可看到其與女性特質展現的結合。類似的眉目傳情例子如演員雙保：「秋山共春山並秀，眉目含情。」〔註101〕

從反面來看，某些眼睛的特性就不利於傳情，戴慶林「或云烱烱雙眸，不堪送媚。然造物生人，豐於此則嗇於彼，……」〔註102〕亦即說他的眼睛過於大而明亮，因此反而不符合「送媚」的條件，亦即不利於展現女性特質。也因此較小的眼睛成爲正面的評價，如金福壽官「眼眼雙垂，尖於柳葉。」。〔註103〕

眉部的描寫則強調眉毛彎的形狀，〔註104〕而顏色則常用「蛾綠」一詞描寫。例如甲寅「眉凝蛾綠，映善睞之明眸。」〔註105〕張才林「眉橫黛綠」、玉蘭「蛾樣雙彎，欲奪遙山之翠。」〔註106〕蛾綠一詞原指古代畫眉的深色（尤其深青色）顏料，後來借代描寫女性的眉毛色深而輪廓明顯。對於文人而言，這樣的眉毛符合於他們心目中的美女。

除此之外，眉形的細而修長的形象也被強調。〔註107〕如晶雙林「朗目修眉」〔註108〕、孫桂林「纖眉細目」〔註109〕、添喜「細眉俊目」〔註110〕等等。而添福「翠羽眉痕」則同時性容眉色的深和細。〔註111〕

「畫眉」本爲中國古代女性特別重視的妝扮方式，眉在女性美中自有重

〔註99〕眾香主人，《眾香國》，《清代燕都梨園史料》，頁1023。

〔註100〕鐵橋山人等，《消寒新詠》，卷4，頁75。

〔註101〕留春閣小史，《聽春新詠》，〈西部〉，《清代燕都梨園史料》，頁181。

〔註102〕小鐵笛道人，《日下看花記》，卷3，《清代燕都梨園史料》，頁88。

〔註103〕鐵橋山人等，《消寒新詠》，卷1，頁26。

〔註104〕李漁則強調眉的「曲」，也是重視眉的彎曲的形狀，《閒情偶寄》，卷6，頁119。

〔註105〕留春閣小史，《聽春新詠》，〈西部〉，《清代燕都梨園史料》，頁189～190。

〔註106〕留春閣小史，《聽春新詠》，〈徽部〉，《清代燕都梨園史料》，頁163～164。

〔註107〕李漁認爲眉要「取長恕短」，《閒情偶寄》，卷6，頁119。

〔註108〕眾香主人，《眾香國》，《清代燕都梨園史料》，頁1024。

〔註109〕眾香主人，《眾香國》，《清代燕都梨園史料》，頁1031。

〔註110〕留春閣小史，《聽春新詠》，〈別集〉，《清代燕都梨園史料》，頁201。

〔註111〕留春閣小史，《聽春新詠》，〈徽部〉，《清代燕都梨園史料》，頁179。

要的地位，〔註112〕而對於臉常帶妝的演員來說，符合於觀眾所想像女性美的眉部，遠比其他部位容易以畫妝來達成，但也因為如此，少數不用修眉而自然呈現的演員特別被強調，如馬鳳「不事描眉畫目，而風致自佳。」〔註113〕

此外，在《品花寶鑑》中假扮琴言的演員玉齡，主角梅子玉形容他「眉雖修而不嫵，目雖美而不秀」〔註114〕可見在眉目的審美上，不僅僅強調外形上符合美的要求，還需進一步帶有如媚、秀等姿態，才能具有更高的魅力。

其次探討花譜中對於唇齒方面的描寫。花譜中多以嘴小而紅作為嘴部的正面價值。如金福壽官「唇一點，小於桃英。」〔註115〕而王琪官則被形容為「唇一點，小於按桃。」〔註116〕周小鳳「朱唇淺淡櫻桃顆。」〔註117〕這裡櫻桃的小與紅成為主要的比喻對象。

與嘴唇相關的牙齒的描寫，則多以白而整齊為美，並且與演員的笑容結合，桂寶「丹唇外朗，皓齒內鮮，意有所晶，則嫣然一笑。」〔註118〕這樣的描寫類同於傳統中國的美女書寫中，對於唇齒的想像，並且與演員外在表現的笑容結合。例如《聽春新詠》中形容甲寅「口比櫻紅，稱承權之輔。」〔註119〕趙翠林「一笑嫣然，瓠犀增媚」、「白齒乍分寒玉細」〔註120〕其中瓠犀用以形容牙齒的整齊潔白，一般也是形容女性的用語。

整體而言，我們可看到對於演員面部的形容描寫，如圓臉、白中帶紅、修眉細目、唇紅齒白等，大多數使用符合中國傳統女性美的用詞以及描寫方式。雖然才子佳人小說中，也有「唇紅齒白、面若冠玉」這樣的男性形象。〔註121〕如紅樓夢的主角寶玉亦是「面若中秋之月，色如春曉之花，鬢若刀裁，眉如墨畫」、「面如傅粉，唇若施脂」。〔註122〕可見這些形容方式並非為女性專屬，但在花譜中演員面部描寫中，常與「媚」「嫵」等女性特質用語相結合，可以看出

〔註112〕李漁，《閒情偶寄》中即強調畫眉的重要，見卷6，頁119。
〔註113〕眾香主人，《眾香國》，《清代燕都梨園史料》，頁1035。
〔註114〕陳森，《品花寶鑑》，第10回，頁129。
〔註115〕鐵橋山人等，《消寒新詠》，卷1，頁26。
〔註116〕鐵橋山人等，《消寒新詠》，卷2，頁43。
〔註117〕播花居士，《燕臺集豔》，《清代燕都梨園史料》，頁1052。
〔註118〕留春閣小史，《聽春新詠》，〈徽部〉，《清代燕都梨園史料》，頁161。
〔註119〕留春閣小史，《聽春新詠》，〈西部〉，《清代燕都梨園史料》，頁189～190。
〔註120〕留春閣小史，《聽春新詠》，〈西部〉，《清代燕都梨園史料》，頁183。
〔註121〕Geng Song, *Fragile Scholar*, 125～126.
〔註122〕曹雪芹，《紅樓夢》（台南：世一書局，1992），第3回，頁29～30。

文人在描寫時，仍主要以女性而非男性美來想像形塑這些演員。

第四節　足部在花譜中缺席的意義

本節探討花譜中的足部描寫。在清代纏足風氣盛行的情況之下，足部已成為女性身體中，極富文化意涵的一部分，也是對男性而言最具吸引力的部位之一。〔註123〕相較於前兩節所述，花譜對於演員身體各部位，有豐富的以女性美為主的描寫，但對於足部的描寫則非常少，且僅以舞台上踩蹻的描寫為主。

從纏足的相關研究，可知纏足在明清時代，已成為許多女性身體規馴必經的過程，也是日常生活的一部分，又是身分地位的重要象徵。對於男性而言，小腳一方面作為男性慾望的對象，一方面則是良家婦女道德的象徵；〔註124〕此外，小腳更是當時區別女性與男性的最重要身體特徵。〔註125〕

作為女性身體美的重要部位，以及男性慾望的對象，在明清許多描寫女體的文字，包括小說及一些筆記類作品中，都十分重視足部的描寫。例如《板橋雜記》描寫的名妓顧橫波「弓彎纖小，腰支輕亞。」〔註126〕又情色小說如《金瓶梅》等均將女性的小腳，作為描寫的焦點之一，清初劇作家李漁描寫訓練家妓的《閒情偶記》，更對於如何欣賞女性小腳作了不少探討。〔註127〕

作為男性觀眾慾望對象的男旦演員，在女性演員闕如的清中期北京，由秦腔演員魏長生引進，發展出以踩蹻的方式模仿女性纏足，並成為後來形成的京劇中，旦角演出的重要技巧之一（但並非任何旦角都使用蹻，而是以腳會露出的花旦刀馬旦武旦等為主）。〔註128〕

花譜中也有描寫北京戲劇發展過程中，逐步採用蹻的經過。如《燕蘭小

〔註123〕關於纏足的歷史及文化上的意義，可參見高彥頤（Dorothy Ko）著，苗延威譯，《纏足：「金蓮崇拜」盛極而衰的演變》（台北：左岸文化，2007）。譯自 Dorothy Ko, *Cinderella's Sisters: a Revisionist History of Footbinding,* Berkeley（Calif.: University of California Press, 2005）。

〔註124〕高彥頤，《纏足：「金蓮崇拜」盛極而衰的演變》，頁236～276。

〔註125〕吳存存，《明清社會性愛風氣》，頁242～246。

〔註126〕余懷，《板橋雜記》，頁29。

〔註127〕關於李漁對於小腳品賞的討論，可參見高彥頤，《纏足：「金蓮崇拜」盛極而衰的演變》，頁245～240。另一著名且常被認為也是清初的品賞小腳的作品方珣《香蓮品藻》則很可能是清末民初人假託清初人所作，見同書頁152～156。

〔註128〕關於蹻的歷史以及其功能，可參見黃育馥，《京劇、蹻和中國的性別關係（1902～1937）》（北京：三聯書店，1998），頁36～68。

譜》:「京旦之裝小腳者,昔時不過數齣,舉止每多瑟縮。自魏三擅名之後,無不以小腳登場,足挑目動,在在關情。且聞其媚人之狀,若晉侯之夢與楚子搏焉」〔註129〕《夢華瑣簿》中則提到「歌樓梳水頭、踹高蹻二事,皆魏三作,前此無之。故一登場,觀者歎為得未曾有,傾倒一時。今日習為故常,幾於數典而忘其非矣」〔註130〕都指出魏長生對於踩蹻發展所造成的影響,以及當時受到歡迎的情形。

清中葉的筆記小說,俞蛟的《夢庵雜著》則介紹了魏長生的徒弟陳銀官「演劇時雖傳粉調脂,弓鞋窄袖,效女子粧束,而科諢詼諧,褻詞穢語,醜狀百出。」〔註131〕雖然是從批判的角度來談,但也顯示踩蹻來模仿女性一事受到重視。

花譜對演員的描寫,偶爾也會提及踩蹻,如劉慶瑞「嬌姿貴彩,明艷無雙,態度安詳,歌音清美,每於淡處生妍,靜中流媚。不慣蹻躋而腰支約素;不矜飾首而鬢髻如仙。」〔註132〕這裡僅提及他不踩蹻,但沒有更進一步對他足部的描寫。其中可以反映踩蹻對於男性演員在舞台上演出女性有加分的效果,劉慶瑞雖然未能熟習踩蹻,但因為其他的身體條件很好,例如「腰支約素」,因此不妨害作者對他的欣賞。

此外,也有直接描寫踩蹻的文字。如陳五福官被形容為「金蓮步步,嫻雅熟若輕狂。」〔註133〕即表現其踩蹻技巧甚高,足以充分模擬女性小腳的情景;《眾香國》描寫馬鳳「於踏蹻後,愈見蹻捷。」〔註134〕稱讚其踩蹻後的動作輕巧。〔註135〕此外《長安看花記》形容「百蝶風裙正小開,雙蓮金地故低徊。」〔註136〕《消寒新詠》作者鐵橋山人評李福齡戲〈撿柴〉的詩中講到:「鞋弓襪小指纖纖,合向深閨繡線拈。」〔註137〕都是描寫演員在舞台上踩蹻扮演的情景。

〔註129〕安樂山樵,《燕蘭小譜》,卷5,《清代燕都梨園史料》,頁46。
〔註130〕蕊珠舊史,《夢華瑣簿》,頁356。
〔註131〕收入張次溪,《北京梨園掌故長篇》,見《清代燕都梨園史料》,頁890。
〔註132〕小鐵笛道人,《日下看花記》,卷1,《清代燕都梨園史料》,頁57。
〔註133〕鐵橋山人等,《消寒新詠》,卷3,頁41。
〔註134〕眾香主人,《眾香國》,《清代燕都梨園史料》,頁1035。
〔註135〕武旦等腳色踩蹻,其一作用即為,以小腳的柔弱,產生烘托其身法以及武打能力的作用,見黃育馥,《京劇、蹻和中國的性別關係(1902～1937)》,頁67。
〔註136〕蕊珠舊史,《長安看花記》,《清代燕都梨園史料》,頁244。
〔註137〕鐵橋山人等,《消寒新詠》,卷3,頁63。

　　《燕蘭小譜》的一則逸聞中，則出現了實際纏足的演員：「余云：『聞昔
保和部有蘇伶沈富官，容儀嬌好，纏足如女子，但未知橫陳否耶？若偶漁婢，
當有可觀。』相與大噱，詩以解嘲。」〔註138〕指出江蘇來的演員沈富官據說
像女子一樣纏足，但不知道是否曾在舞台上展現小腳，又說到如果演出裸足
的漁家女應該很可觀。文後《燕譜小譜》作者吳長元還爲此作了一首詩來解
嘲。「似月如鉤瘦影埋，競誇嬌媚試提鞵，風流莫問橫陳夜，羞與婭婭小姐偕。」
〔註139〕

　　這裡不能確知沈富官是否眞的曾經纏足，但文人對男性演員可能纏足一
事，感到有趣，甚至有輕嘲之意，可見演員實際纏足的情況應極少。吳長元
的輕嘲，一方面顯示對於演員展露身體的輕視之意，也認爲男性演員纏足甚
爲可笑。這與他在《燕蘭小譜》中，對於魏長生等一派揣摩時好以媚取勝的
批評一致。

　　如上所述，足部雖然偶見於花譜中相關的討論描寫，但作爲當時女性特
質的重要象徵意義的足部，在花譜中出現的頻率，仍遠低於前面二節所描寫
的其他身體部位，尤其舞台下的描寫幾乎闕如。

　　關於足部的鮮少提及，有幾種可能的解釋。首先從文人撰寫花譜，作爲
展現自身品味的角度來看，第三章第四節中提及對於演員身體過度展露的批
評，在纏足風氣之下，腳是屬於隱私的身體部位，有時則與色情結合，因此
文人在花譜中，不希望對這部分作較詳細的描寫，這也可從上述《燕蘭小譜》
對男性演員纏足的嘲諷中可看出。

　　另從實際演出來看，京劇中，除了部分角色（花旦、刀馬旦等）可以看
到演員的蹺之外，青衣等閨秀女性角色，則服裝會蓋過足部，而不可觀見（也
因此不需踩蹺），因此也減少了這類角色演員有足部描寫的機會。

　　但最主要的理由，應還是延續本章中花譜對女性美的理想的探討。男旦
離開了以踩蹺來扮演纏足的舞臺之後，多半無法持續作出如舞台上的扮演。
〔註140〕因而男性演員恢復了屬於男性特質的大腳，不再具有女性美的吸引
力，因此文人在花譜中描寫演員身體時，便刻意迴避了這個仍能區分眞實性

〔註138〕安樂山樵，《燕蘭小譜》，卷5，《清代燕都梨園史料》，頁46。
〔註139〕安樂山樵，《燕蘭小譜》，卷5，《清代燕都梨園史料》，頁46。
〔註140〕參見黃育馥，《京劇、蹺和中國的性別關係（1902～1937）》，頁40～46。演員
　　　　踩著蹺在舞台上站立都是極辛苦的工作，下舞台之後雖也可能暫時持續踩蹺來
　　　　「扮演」女性，但恐不符合當時實際的狀況。且青衣等角色原本即不踩蹺。

別，而會打破對於女性化身體想像的尷尬部位。

才子小說中男女角色的扮裝，亦可呼應纏足這一特別意義。如本章之前所述，明清時代男性角色的外貌常甚為女性化，許多身體樣貌讓人雌雄難辨，但足部的差異則會呈現男性角色的真實性別。此外，小說中女扮男裝的角色，也不時需努力掩飾小腳，以及對行動可能的限制，以防止暴露自己的身分。〔註141〕也就是說，纏足作為男女性身體區辨的最後防線，與其他身體部位有著不同的意義。

整體而言，花譜中所描寫的演員身體，常代表的是一種女性化的男性身體，男性的身體儘管能靠著先天的「天生麗質」，或後天的施粧扮演而接近男性文人心目中想像的女人身體，但這種跨越性別的想像，在面對需自小長期努力和承受痛苦，才能達成的纏足時就遇上了困難。舞台上的演出，尚可藉由踩蹻這樣的技術和象徵性手法，滿足男性觀眾的喜好；但一旦離開舞台，不再能藉著這樣的技術，展現小腳之美時，花譜便如小說中的扮裝角色對於足部的隱蔽一般，寧可避開足部的描寫。

小　結

本章探討演員身體外貌的描寫，指出其中大多出自對於女性身體外貌描寫的方式，即使部分的特徵用語，有時也會用於男性身上，仍可反映出文人所欣賞的外貌型態，常是一種女性化的美（即使可能類同當時部分理想美貌男性形象的外貌），對於文人們來說，透過對男性演員身體的描寫，來想像女性身體的美並不構成明顯的障礙，也可看到在演員身上，性別特質與生理性別之間連結的可塑性。

然而這樣的性別跨越仍有其限制，作為明清時代最重要的性別標誌特徵的小腳就是其中之一，蹻雖然在某種程度上解決了舞台上的扮演問題，但無法使演員完全跨越這個性別區隔的身體象徵。

〔註141〕馬克孟，《吝嗇鬼、潑婦、一夫多妻者——十八世紀中國小說中的性與男女關係》，頁114。

第五章　性別特質跨越的限制——年齡、地域及個別氣質

　　以上兩章的討論，探討了各種男性和女性特質，如何在花譜中被投射到演員身上，正可看到當時的男旦演員，常能穿梭於各種不同的性別特質之間。

　　幾部中國男性特質相關著作〔註1〕也指出，中國傳統的男女性特質，並非總與生理上的性別一致，而是與其所處的位置相結合。中國性別秩序中基礎的陰陽概念，就是一個相對的概念，同一個人在不同的情形下，可能處於陰或陽等不同的位置，而非隨時與生理性別結合。〔註2〕

　　從這個觀點來看，花譜中所描寫這些扮裝爲女性的演員，其性別特質並非與生理性別，而是與其他的一些特性相連結，因而生理性別能夠被跨越，並依照這些特性，賦與不同的性別特質想像。

　　然而也因爲這些因素與性別特質想像的連結，生理性別可以突破跨越，但卻不代表性別特質能像舞台上的衣服裝扮一樣穿脫自如，而必須受到其他先天後天條件的限制。以下即從年齡、地域以及所謂的「天生」個別氣質，三個花譜中常提及的因素分別作探討。

第一節　年齡與性別特質的結合

　　年齡與性別特質之間的結合，是花譜中一個重要的性別特質想像建構方

〔註1〕　包括 Charlotte Furth, "Ming-Qing Medicine and the Construction of Gender", 《近代中國婦女史研究》，2 期（1994），頁 229～250；Geng Song ,*The Fragile Scholar: Power and Masculinity in Chinese Culture*; Martin W. Huang, *Negotiating Masculinities in Late Imperial China* 等。

〔註2〕　如 Geng Song, *The Fragile Scholar: Power and Masculinity in Chinese Culture*, 13.

式，其中尤其常將演員的年輕與女性特質相連結，這種連結一部分是出於實際情形的反映，一部分則是出自於文人的想像建構。

將女人的女性特質，尤其是外貌與女人的年齡作連結，在中國傳統女性書寫中是常見的。這裡先舉明代中期探討女性美的《悅容篇》中的想法為例，其中說到：

> 美人自少至老，窮年竟日，無非行樂之場。少時盈盈十五，娟娟二八，為含金柳，為芳蘭芷，為雨前茶。體有真香，面有真色。及其壯也，如日中天，如月滿輪，如春半桃花，如午時盛開牡丹，無不逞之容，無不工之致，亦無不勝之任。至於半老，則時及暮而姿或豐，色漸淡而意更遠。約略梳妝，遍多雅韻。調適珍重，自覺穩心。如久窖酒，如霜後橘。知老將提兵，調度自別，此終身快意時也。春日豔陽，薄羅適體，名花助妝，相攜踏青，芳菲極目。入夏好風南來，香肌半裸，輕揮紈扇；浴罷，湘簟共眠，幽韻撩人。秋來涼生枕席，漸覺款洽，高樓爽月窺窗，恍擁嬋娟而坐。或共泛秋水，芙蓉映帶。隆冬六花滿空，獨對紅妝擁爐接膝，別有春生，此一歲快意時也。曉起臨妝，笑問夜來花事闌珊。午夢揭幃，偷覷嬌姿。黃昏著倒眠鞋，解至羅襦。夜深枕畔細語，滿床曙色，強要同眠，此又一日快意事也。時乎時乎不再來，惟此時為然。
>
> ……紅顏易衰，處子自十五以至二十五，能有幾年容色。如花自蓓蕾以至爛漫，一轉過此便摧殘剝落，不可眼視矣。故當及時。〔註3〕

文中描寫了不同年齡的女性的不同特質，雖然並未認定年輕女性的特質必然優於年紀較長的中年女性，而是彼此各具值得欣賞的特性，但也強調了女性美的特質，會隨著年齡而衰落。〔註4〕

相較於上述實際生理性別為女性，男扮女裝時的「女性特質」同樣與其年齡相結合，甚至比起真正的女性而言，兩者關係更為密切。承繼明末清初「小唱」及「蓄養童伶」的風氣，在花譜盛行的清代中期，文人們對於年齡

〔註3〕 衛泳，《悅容篇》，卷2，收入蟲天子編，《香豔叢書》（台北，進學書局，1969），頁77～78。

〔註4〕 類似的看法尚有晚明的徐震：「美人豔處，自十三四歲以及二十三，只有十年顏色，譬如花之初放，芳菲妖媚，全在此際，過此則如花之盛開，非不爛漫，而零謝隨之矣」，見氏著，《美人譜》，卷1，收入蟲天子編，《香豔叢書》（台北，進學書局，1969），頁13。

小的男性演員有特別的性別想像。其中一部分原因，是實際上年輕的男性，生理上尚未出現男性性徵，因此在身體外貌上扮裝爲女性的障礙較小。

　　這裡先從花譜中所描寫演員的實際年齡來看。在本書中所運用的十七部花譜著作所提及的演員裡，共有 197 人次的演員被提及年齡，〔註5〕其中 12 歲 4 人、13 歲 20 人、14 歲 25 人、15 歲 24 人、16 歲 18 人、17 歲 28 人、18 歲 23 人、19 歲 10 人、20 歲 9 人、21〜25 歲共 17 人、26〜30 歲共 15 人，超過 30 歲僅 4 人，平均年齡近 18 歲，而其中超過四分之三都是 20 歲以下，可看出這些演員的平均年齡甚低。

　　這個簡單的統計，並不能簡單視爲當時北京劇場中演員的實際年齡分布，而應是反映了這些花譜作者們有興趣和喜愛的演員，因而將他們挑選出來收入花譜，且其中絕大多數爲旦角，與其他行當演員的年齡分布很可能有所不同。

　　不過，文人和觀衆的喜好也很可能反過來影響實際上演員年齡的比例。可與此一數據來對照觀察的，是《金臺殘淚記》中對於演員年齡分布年代變化的觀察：「《燕蘭小譜》所記諸伶，大半西北。有齒垂三十、推爲名色者，餘者弱冠上下，童子少矣。今皆蘇、揚、安慶產，八九歲。其師資其父母，夯其歲月，挾至京師，教以清歌，飾以豔服，奔塵侑酒，如營市利焉。夯歲未滿，豪客爲折夯柝廬，則曰『出師』。昂其數至二三千金不等，蓋盡在成童之年矣。此後弱冠無過問者。」〔註6〕可見乾隆末期，近三十歲的人尚有不少能被選入花譜，但幾十年下來（《金臺殘淚記》著於道光八年），就變成年幼演員的天下，其中「成童之年」指的是十五歲，而弱冠指二十歲，可見當時這些所謂的「豪客」，對二十歲以上的演員就不感興趣，而特別喜歡十五歲左右的演員。《金臺殘淚記》並且講述了這些演員是從很年幼，約八九歲便開始由師傅培養作生意的情形。〔註7〕《辛壬癸甲錄》即批評以過於年幼的演員登台演出：「近日徽班習氣，好買十歲小兒，教之歌舞。黃口乳臭，強使登場，伊吾如背書，應絃赴節，尚不能解，何論傳神寫照。」〔註8〕

〔註5〕統計並非完全以不同的人而是以人次爲單位，不同的作品中，有可能提及同一演員，但被寫入花譜的年代不同，因此計入的年齡不同，也就是說同一個演員可能被算進二次以上。

〔註6〕華胥大夫，《金臺殘淚記》，卷3，《清代燕都梨園史料》，頁246。

〔註7〕么書儀認爲這種乾隆末到嘉慶初演員年齡層的改變，與徽班進京後打茶圍私寓行業的逐漸發達有關。見氏著，《晚清戲曲的變革》，頁96〜97。

〔註8〕蕊珠舊史，《辛壬癸甲錄》，《清代燕都梨園史料》，頁282。

清中期的筆記《燕京雜記》，也描寫當時旦角演員生命短的情形：「優童盛名，享之不過數年，大約十三四歲始，十七八歲止，俟二十歲已作陽婦，而門前冷落鞍馬稀矣。竭意修飾，暉力逢迎，菁華既消，憔悴立致。寓京都數年，多有目擊其盛衰者矣。」〔註9〕明確指出十三四歲到十七八歲之間，是他們最受歡迎的年齡。

從花譜對演員的實際描寫，還可以進一步看到花譜作者們對於年齡的重視和想像，反映時人將男旦的年齡與其性別特質結合的想法。

花譜中會稱讚一些年幼演員的特質，如《消寒新詠》描寫蓮生「年約十四五……抑又肩圓而小，腰細而柔，置之紅粉場中，真所謂『婷婷裊裊十三』者也」，〔註10〕其中「婷婷裊裊」的典故出自唐代杜牧的詩〈贈別・其一〉，形容十三、十四歲左右的少女。〔註11〕強調他的年齡所帶來的特質，結合了身體姿態上的「肩圓而小，腰細而柔」，符合十三歲少女的特質。

在一些描寫中，強調年齡因素對於演員特質的影響。如陳二林因年齡漸長被形容為「柔資非昔，別致猶存。」〔註12〕平泰兒「五年前之風流旦也。小身白皙，面有微麻，目冉冉如欲語，撩人正在阿堵中。今頎而長兮，妍媚之態，視昔頓減，而齒牙鬆脆，風致灑落，如燕趙佳人，不乏俊爽。」〔註13〕亦即認為他的「妍媚之態」這樣的女性特質，會隨著年齡的增長而減少。

雖然演員逐漸年長，不必然代表會失去年輕的女性特質，但這類演員因被認為是特例，而會特別提及。如《燕蘭小譜》描寫馬九兒：「丰姿秀媚，態度停勻，望之如妙齒女郎，問年已逾房老。昔馬湘蘭當半百之期，猶有少年欲娶為婦。盛顏久駐，天豈獨鍾于此輩耶？抑彼人自有術耶？」〔註14〕其中「房老」是指年長的婢妾，或指三十歲，這裡即對於年齡已高卻外貌仍年輕感到驚異。同書又形容楊曲兒「過季隉請待之年，而臉際生春，眉間帶媚。」〔註15〕其中季隉請待之年指二十五歲。〔註16〕形容他雖過了二十五歲，但仍

〔註9〕 轉引自張次溪，《北京梨園掌故長篇》，收入《清代燕都梨園史料》，頁898。

〔註10〕 鐵橋山人等，《消寒新詠》，卷4，頁73。

〔註11〕 全詩為「娉娉嫋嫋十三餘，豆蔻梢頭二月初。春風十裏揚州路，卷上珠簾總不如」，即為後來比喻年少少女「豆蔻年華」的典故由來，該詩原為與揚州歌妓離別時所作，見《全唐詩》，卷523，頁5988。

〔註12〕 眾香主人，《眾香國》，《清代燕都梨園史料》，頁1034。

〔註13〕 安樂山樵，《燕蘭小譜》，卷3，《清代燕都梨園史料》，頁26。

〔註14〕 安樂山樵，《燕蘭小譜》，卷3，《清代燕都梨園史料》，頁32。

〔註15〕 安樂山樵。《燕蘭小譜》，卷3，《清代燕都梨園史料》，頁26。

常笑而「帶媚」，展現足夠具女性吸引力的特質，也顯示文人心目中，演員二十五歲已經算是「高齡」了。

在《日下看花記》中，演員沈四官被稱作「擬諸秋柳豐神，瀟疏多致，嬌嗔美盼，俱徵蘊藉，忘卻秋娘已老矣。」〔註17〕他的年齡當時剛好三十歲，而被稱爲「秋娘已老」，但他表現出不像他年齡的年輕女性特質，因而特別被強調。

《聽春新詠》中則描寫蔣天祿「體雖與齒偕增，藝則與年俱進。且秀媚之態，尚存於眉目之間，視彼色稍衰而名即無聞者，猶有捕蛇獨存之喜焉。」〔註18〕可見當時文人的認知中，多數旦行的演員，年齡漸長時色亦漸衰，之後即無人欣賞而變得「無聞」，而蔣天祿則因其表演的能力，以及部分「秀媚之態」尚存，因此還能受到作者的注目。

《燕蘭小譜》形容于永亭「今雖過夭灼之年，而豐肌露靨，猶然一朵玉樓春色也。聲技工穩，嫺雅多姿，無折腰齲齒之態，視名下諸郎可稱曹大家矣。」〔註19〕其中「夭灼之年」的典故出自《詩經·國風·周南》〈桃夭〉：「桃之夭夭，灼灼其華，之子於歸，宜其室家」，用以指待嫁之年的女子，根據劉德漢由禮書探討周代婦女出嫁年紀來看，當時認定的女性適婚年齡在二十歲左右，但有些記載則早至十五歲。〔註20〕這裡雖然是在稱讚于永亭，但卻用「雖過夭灼之年」、「無折腰」來形容，亦即認爲過了二十歲還能保有「嫺雅多姿」的女性特質，並不容易，可看到花譜作者對於年齡想像的嚴格。

《辛壬癸甲錄》對慶齡的描寫則反映了年齡與性別特質之間的錯綜關係：「年過不惑，而韶顏態，猶似婉孌，爲男子裝，視之纔如弱冠。」〔註21〕年過四十了，但外貌及氣質仍年輕美貌，如美女一般，〔註22〕而如果穿著男子裝，則像才二十歲的年齡，因此讓作者十分驚異。其中進一步反映了一種

〔註16〕出自《左傳》，僖公二十三年「狄人伐廧咎如，獲其二女，叔隗、季隗，納諸公子。公子取季隗·生伯儵、叔劉·以叔隗妻趙衰·生盾。將適齊·謂季隗曰：『待我二十五年，不來而後嫁。』對曰：『我二十五年矣，又如是而嫁，則就木焉。請待子。』處狄十二年而行」，見楊伯峻，《春秋左傳注》（台北：洪葉文化，1993），頁405。

〔註17〕小鐵笛道人，《日下看花記》，卷3，《清代燕都梨園史料》，頁79。

〔註18〕留春閣小史，《聽春新詠》，〈別集〉，《清代燕都梨園史料》，頁204。

〔註19〕安樂山樵，《燕蘭小譜》，卷3，《清代燕都梨園史料》，頁26。

〔註20〕劉德漢，《東周婦女問題研究》（台北：學生書局，1990），頁59～61。

〔註21〕蕊珠舊史，《辛壬癸甲錄》，《清代燕都梨園史料》，頁298。

〔註22〕婉孌指美貌或柔媚，這裡借代作爲名詞，指美女。

想法，他作為上了年紀仍具女性特質的男性演員，扮演女性尚無問題，但如果只是作為原來的性別男性，則可以看起來更加年輕，可見年齡及性別兩個特性並非各自獨立，而是彼此交錯影響，至少對寫這段文字的人來說，對於同一演員的外貌特質而言，作為男性的時間，與作為女性的時間流動速度是不同的。

如此重視年齡，也使得年齡在一些花譜中，成為演員分類的一種依據，如《日下看花記》中有〈小部〉，專收特別年輕的旦角，其中的描寫也多重視其年幼；而《眾香國》則有〈小有香〉這個欄位，雖非完全收錄年幼者，亦收錄了部分身材較小的演員，仍可看到他們對於年齡的重視。

較晚至光緒年間的花譜《情天外史》，將這類男性演員的年齡和性別特質的連結，以及對於年幼男性演員的偏好，講得更明白清楚。該書的凡例中單刀直入地說：「天姿天籟，過時難保，是以十六歲以上，不入論列。」〔註23〕即直接把年紀不夠小的演員，排除於花譜收錄之外，更是明顯展現了對演員年齡的嚴格要求。至於「天姿天賴」這樣的想法，將在第三節進一步探討。

由本節討論可看到，在文人的想像中，演員天生為男性並不構成他們擁有女性特質的障礙，但另一個特性，亦即隨著時間增加而不能反轉的年齡，成為受到重視的因素，甚至是只有少數特例可以突破的條件。也就是說，在花譜中，對於女性美、女性特質的想像，需要靠年齡這個要素來支持。

第二節　地域與性別特質的想像

除了上節所探討的年齡，出生地域也是能連結性別特質想像的重要因素。不同地區出生的演員，在花譜中被賦與不同的預設特質，而非完全能靠後天的影響或努力來改變突破。

地域與性別特質想像的關連，在花譜以外的其他場域也存在。如高彥頤的纏足研究，討論了清朝中期的旅遊筆記中，所見北方女性對南方男性的想像。〔註24〕宋耕關於文弱書生的研究，也提到了士人對於南、北男性特質的不同看法，〔註25〕而中國古代對於各地區美女也有不同的想像評價。〔註26〕

〔註23〕佚名，《情天外史》，《清代燕都梨園史料》，頁684。
〔註24〕高彥頤，《纏足：「金蓮崇拜」盛極而衰的演變》的第五章。
〔註25〕Geng Song, *Fragile Scholar*, 149～153.
〔註26〕藍勇，〈中國古代美女的地域認同文化研究〉，《學術研究》，2008：2，頁116

　　而對於不同地區演員的不同想像，從明代的小唱流行之時即已存在。如
《萬曆野獲編》記載小唱「大抵此輩俱浙之寧波人，與沈、陳二公投契更宜。
近日又有臨清汴城以至真定保定，兒童無聊賴，亦承乏充歌兒，然必偽稱浙
人。一日遇一北童，問汝生何方，應聲曰浙之慈溪。又問汝為慈溪府慈溪州
乎？又對曰慈溪州。再問汝曾渡錢塘江乎？曰必經之途。又問用何物以過來？
則曰騎頭口過來。蓋習聞儕輩浙東語，而未曾親到，遂墮一時笑海。」〔註27〕
可見晚明人已經對於南方的年輕男童有較高的評價想像，以致出身北方的小
唱，也要假裝出身於南方的浙江，以提高身價。

　　同書另一篇則提到小唱陪侍的地域因素：「得志士人，致變童為廝役，鍾
情年少，狎麗豔若友昆，盛於江南而漸染於中原。至今金陵坊曲有時名者，
競以此道博游婿愛寵，女伴中相誇相謔，以為佳事」。〔註28〕即認為這種風氣
是由江南傳到北方來的。與此相呼應的，是明末江南地區蘇州、杭州等地小
唱陪侍相關的故事和記載的數量，相較其他地方為多。〔註29〕

　　到了清中葉的北京，這種對演員地域差異的想像依然存在，甚至更為明
顯，而反映於花譜的描寫中。花譜中的地域想像，要先留意的一點，是第一
章所提到花譜作者的背景，他們常是非北京外地出生、而留寓北京之人，所
知作者又以南方人較多，如《燕蘭小譜》作者吳長元為浙江人，《日下看花記》
的作者為江蘇人等等。〔註30〕而描寫品花情事的小說《品花寶鑑》中的主角
梅子玉，以及作者陳森也都是由南方北來的文人，所以我們在花譜及相關資
料中所看到的地域想像，更多是由南方人出發的想像和喜好，有可能因而偏
好南方出身演員的特質。然而由花譜在北京的流行狀況，以及下述整體演員
出身分布及變化來看，北方的一些觀眾也能接受這樣的偏好，而不能完全僅
視為南方旅居北京文人的想法。〔註31〕

　　　　～125。
〔註27〕沈德符，《萬曆野獲編》（北京，中華書局，1997），卷24，頁621。
〔註28〕沈德符，《萬曆野獲編》，卷24，頁622。
〔註29〕吳存存，〈明中晚期社會男風流行狀況敘略〉，《中國文化》，17、18（2001），
　　　　頁263～264。
〔註30〕可參見么書儀，《晚清的戲曲變革》，頁330～332。
〔註31〕南方出身的文人對其家鄉演員的欣賞，如浙人吳長元就描寫周四官：「浙江仁
　　　　和人。年始弱冠，素質豔光，略無妖冶。古愚居士品其色技，兼有時瑤、卿
　　　　鄭蘭生之長。有美一人，清揚婉兮，如遇於西陵松栢下也。三絃彈詞，娓娓
　　　　動人，良月風清，足怡情志。向因吾杭無人，譜中未免寂寞，今得玉奇，不

在《金臺殘淚記》中，提到了各個時代演員的地域區別和年齡區別：「《燕蘭小譜》所記諸伶，太半西北。有齒垂三十、推爲名色者，餘者弱冠上下，童子少矣。今皆蘇、揚、安慶產，八九歲。其師資其父母，夯其歲月，挾至京師，教以清歌，飾以豔服，奔塵侑酒，如營市利焉。」〔註 32〕其中即指出了乾隆晚期的北京，活躍的演員以西北（這裡所謂西北包含四川在內，其中以秦腔演員爲主）的出身較多，但至道光初年，則已變爲幾乎都是南方蘇州、揚州、安慶等地的演員。

這種地域變化的實際背景，與乾隆中後期，秦腔在北京與被禁，而逐漸沒落，以及隨後南方徽班進京受到歡迎有關。〔註 33〕如《長安看花記》進一步細分南方演員的變化情形，發現「嘉慶以還，梨園子弟多皖人，吳兒漸少。豈靈秀所鍾，有時銷歇耶？」〔註 34〕亦即安慶等安徽人增加，逐漸超過蘇、揚等吳地出身之人，此一發展即與徽班進京的活躍有關，〔註 35〕而非因他所說的「靈秀所鍾」的變化，但從他這樣的解釋，可看到作者把演員的特質與地域環境連結在一起。

花譜對於南北演員的基本想像，是北方人較剛強，而南方人較柔弱。柔弱在當時又被認爲更近於理想的女性特質，〔註 36〕因此這樣的旦行演員更受到歡迎。南方最常提及的是「吳」地，也就是江蘇地區出身之人，也大多強調其「柔」的一面。例如《長安看花記》指出「吳兒性格，大抵溫柔。」〔註 37〕《丁年玉筍志》也說「大抵柔媚是吳兒本色。」〔註 38〕江西出身的謝玉林則被形容爲「其技不甚多見，而花枝搖颺，鶯語惺忪，不減南國佳人風致。友人許君大加賞識，洵非愛者之虛言也。」〔註 39〕第三章中曾探討「溫柔」一詞不見得只用於形容

全爲他人作嫁衣矣！」安樂山樵，《燕蘭小譜》，卷 4，《清代燕都梨園史料》，頁 35～36

〔註 32〕 蕐胥大夫，《金臺殘淚記》，卷 3，《清代燕都梨園史料》，頁 246。

〔註 33〕 么書儀統計了幾部花譜中演員的的籍貫，指出從乾隆末到道光初年間，四川等秦腔演員減少，江浙的演員數量較穩定，而安徽演員突然變多的情形，見氏著，《晚清的戲曲變革》，頁 88～90。

〔註 34〕 蕊珠舊史，《長安看花記》，《清代燕都梨園史料》，頁 310。

〔註 35〕 可參見么書儀，《晚清的戲曲變革》，頁 72～96。

〔註 36〕 特別強調女性柔弱傾向大致從宋代開始，可參見劉巨才，《選美史》，頁 194～199。

〔註 37〕 蕊珠舊史，《長安看安記》，《清代燕都梨園史料》，頁 319。

〔註 38〕 蕊珠舊史，《丁年玉筍志》，《清代燕都梨園史料》，頁 337。

〔註 39〕 安樂山樵，《燕蘭小譜》，卷 3，《清代燕都梨園史料》，頁 31。

女性，但其後的「柔媚」「南國佳人」等詞，則展現出南方出身與女性特質之間的連結。

北方出身的演員，一般會再細分，有「燕趙」，即北京當地或直隸其他地方出生之人，以及山西陝西等地出生的「西人」。

燕趙的演員，如李七官順天人，被形容爲「如燕趙佳人。灑落中自饒俊爽，迥異南國妖姬，柔姿婉娩。」〔註40〕認爲北方的女性「灑落中自饒俊爽」而與南方女性的「柔姿婉娩」相比，擁有不同的女性特質，並把這樣的區別想像，投射到男性演員身上。第三章有關性情的討論，所看到較偏於男性的個性特質，在這裡則與地域的想像「燕趙佳人」相結合。

關於西人的描寫想像，如《燕蘭小譜》張蓮官：「山西太原人……秀雅出群，蓮臉柳腰，柔情遙態，宛如吳下女郎，絕不意其爲西人之子也。」〔註41〕可見一些特質如「柔情」，不符合他對山西人的想像，反而符合對南方吳下女郎的想像。

由於強調出身區域對性別特質的影響，一些演員性別特質的不足之處，常被歸於地域的差異。如王德官被認爲「若以裊娜羞澀之度求之，殊非所肖。北風剛勁，少柔弱，習俗使然，亦無足怪。」〔註42〕把不能展現裊娜羞澀的特質，歸諸於其出生地「剛勁」、「少柔弱」的風俗。《燕臺鴻爪錄》中形容韻香「一香白皙纖長，巧笑善睞。然燕、趙麗人，雖極妖冶，而溫雅之態不足」〔註43〕即認爲北方人雖然能展現出同屬女性特質的「妖冶」，但就與南方人的特質「溫雅」有所不同，可說將不同類型的女性特質，與地域差異相結合。此外法林在演出《盪湖船》時被認爲「頗似燕趙佳人，眉梢眼角時露勁氣，不稱吳娘肢體。」〔註44〕即認爲他較具有北方女性的特質，因而不適合演出南方女性的角色。

雖然對南方演員柔弱女性特質的稱讚記述較多，但也有對北方演員的欣賞。如《日下看花記》例舉了他欣賞的北方演員：「古稱『燕趙有佳人』，憶從前餘慶之戈蕙官、萃慶之高明官，亦頗心賞。然究不如今日朗玉劉郎之愜心契意也。自遇朗玉後，北地胭脂無煩再訊矣。」〔註45〕可見「燕趙佳人」

〔註40〕小鐵笛道人，《日下看花記》，卷4，《清代燕都梨園史料》，頁99。

〔註41〕安樂山樵，《燕蘭小譜》，卷2，《清代燕都梨園史料》，頁21。

〔註42〕鐵橋山人等，《消寒新詠》，卷4，頁80。

〔註43〕粟海庵居士，《燕臺鴻爪集》，《清代燕都梨園史料》，頁271。

〔註44〕蕊珠舊史，《辛壬癸甲錄》，《清代燕都梨園史料》，頁298。

〔註45〕小鐵笛道人，《日下看花記》，卷4，《清代燕都梨園史料》，頁95。

這樣古代北方美人的典故，足以讓文人對北方出身的演員有美好的想像。

一些花譜作者最初對於演員出身地域的猜測，也展現出一些對於地域與性別特質的想像和刻板印象。如出身陝西的演員韓吉祥，《日下看花記》這樣描寫他：「初不知其為西人子也，嗣遇星槎，自詡其鄉有名伶，專工雅曲，偕往觀之，即韓郎也。芝草醴泉，原無根源。韓郎之藝如斯，殆師授高而天資敏慧也。近已入霓翠，叩其故，曰：『不樂與徽部諸郎伍。』于此又足徵其性情趣向焉。大雅頗契賞之，吾特異其柔於柔土所產，其殆如餌瑤珉之膏，食丹泉之粟，可積歲不飢者耶？抑或麗娟之後身，只恐其隨風而去也。」〔註46〕

以上引文可以可看到作者對於山西、陝西等西北出身演員的想像和甚低的評價，就連如韓吉祥這樣得到肯定的演員，還要強調其「芝草醴泉，原無根源」，亦即其實出身的環境很差，其成就則是靠個人天資以及好的師傅教授；之後還因為他不願加入徽班，與南方安徽演員在一起學習演出，擔心他會因為無法靠天資能力（這裡用一些珍奇的食物比喻）「積歲不飢」，他後天努力得來的女性特質，亦即「麗娟之後身」恐將會不再，重南方而輕西北的心態展露無遺。此外，其中也可看到星槎這個陝西出身的朋友，仍對於自己家鄉出身的優秀演員有較多的情感。

從本節的探討中，可看到演員的出身地域與性別特質的結合，雖然演員皆為男性，但與地域連結的性別想像大多偏重於女性特質，且不同的地域能產生不同類型女性特質的想像，這些與地域相關的描寫，大多以直指為女性或相關特質的用語，包括「嬌」、「媚」、「麗人」、「佳人」、「妖姬」等，來強調其地域與女性特質的關連，從文中所舉一些令人「意外」的例子可知，天生的出身地域雖未完全限制了演員性別特質的可能性，但對於文人想像他們的方式有很大的影響。

第三節　扮裝演出中的先天與後天特質

本節將先討論自晚明至花譜的時代扮裝風氣的發展，指出當時性別特質的建構想像和性別本身之間關係的浮動性，進一步則由花譜中對於演員先天特質與後天扮演之間的討論，看到這種性別特質跨越的局限性。

傳統中國認為男女性別特質的基本元素為「陰」和「陽」。在許多相關作

〔註46〕小鐵笛道人，《日下看花記》，卷2，《清代燕都梨園史料》，頁74。

品中都曾提及由於陰與陽的相對性觀念，因此男女氣質並非被定著於生理性別的男與女，而是視不同場合情形，決定一個人是偏處於陰或陽的位置。（例如男性臣子對君王則自身相對爲陰）〔註47〕

　　以陰陽這樣的相對性看法爲基礎，男女性別特質可以藉由某種努力而改變，而不受限於生理性別。最明顯的例子，即存在於許多藉由扮裝而改變性別角色的文學作品中。

　　明末清初的文學作品，尤其是小說和戲曲，即出現大量的扮裝描寫。除了文學作品，在民間傳聞故事以及社會現實風氣（包括當時戲劇演出）中，也充滿著扮裝的氣氛，且彼此之間互相影響。〔註48〕而女性作家也常在文學劇作中，以擬男的口吻來敘述。〔註49〕

　　明朝中期以來，社會上也出現以奇特的服裝來跨越原本禮制中規範的服裝的風氣，甚至有部分男性突破規範，男爲女服的情形，在明末也備受爭議和批評。〔註50〕

　　在中國傳統戲曲中，這類的扮裝更豐富。不僅因爲男性和女性演員常扮演非屬自身性別的角色，而且其中尚有介於角色及演員之間的生旦淨末等行當（角色類型），演員需先透過行當，再進一步扮演角色，因此實際上在演戲時可能的「越界」行爲種類更多。假如戲劇本身又涉及劇中角色進行扮裝（如徐渭所作《雌木蘭》、《女狀元》等劇）時，更增加深這種扮裝的複雜性，以及性別特質的浮動性。〔註51〕

〔註47〕 如 Martin W. Huang, *Negotiating Masculinities in Late Imperial China* 的第三章和第四章。

〔註48〕 蔡祝青，〈明末清初小說中男女扮裝之性別與文化意義〉（南華大學碩士論文，2001），頁 135～138；另關於女性所作的彈詞小說中的女扮男裝，參見胡曉眞，〈祕密花園：論清代女性彈詞小說中的幽閉空間與心靈活動〉，收入熊秉眞主編，王瓊玲、胡曉眞合編，《欲掩彌彰：中國歷史文化中的「私」與「情」——私情篇》（台北：漢學研究中心，2003），頁 300～312。

〔註49〕 華瑋，〈明清婦女劇作中之「擬男」表現與性別問題——論《鴛鴦夢》、《繁華夢》、《喬影》與《梨花夢》〉，華瑋、王瓊玲主編，《明清戲曲國際研討會論文集》下（台北：中央研究院中國文哲研究所籌備處，1998），頁 573～623。

〔註50〕 林麗月，〈衣裳與風教：晚明的服飾風尚與「服妖」議論〉，《新史學》，10：3（1999），頁 111～157。

〔註51〕 參見 Siu Leung Li, *Cross-Dressing in Chinese Opera*（Hong Kong: Hong Kong University Press, 2003），155～172；王安祈，〈兼扮、雙演、代角、反串——關於演員、腳色和劇中人三者關係的幾點考察〉，華瑋、王瓊玲主編，《明清戲曲國際研討會論文集》下（台北：中央研究院中國文哲研究所籌備處，

　　除了戲劇和小說中的扮裝之外，明末以來另一現象，是男風而造成的扮裝以及性別跨越。如袁素菲（Sophie Volpp）的研究中提到了十七世紀文人對於他們所喜愛的演員或小唱，有一種特別的，女性化的描寫方式，而這些人也常以女性化的裝扮來呈現。〔註52〕

　　到了花譜出現的時代，梁紹壬的《兩般秋雨菴隨筆》曾記載當時的風氣：「軟紅十丈春風酣，不重美女重美男。宛轉歌喉裊金縷，美男妝成如美女」，可見在當時人眼中有很明確的概念，這些演員是「男妝成女。」〔註53〕亦即扮裝跨越性別的概念，而非僅僅具有部分女性特質或女性化的男性。

　　藉由戲劇扮裝的概念，可進一步探討花譜中演員描寫的性別意義，花譜中所描寫的男性演員，大多為扮演女性角色的旦角，因此他們在舞台上的演出，本身即為一種扮裝的表現。而這種扮裝，又常常延續到舞台之下，其性質與明末清初小說戲曲中常見的男扮女裝，或明末日常生活中因炫奇而著女裝，甚至明末小唱階級的扮裝行為皆有所不同。以下即由當時花譜對於性別扮演的評論，探討當時文人對於性別特質與實際生理性別之間關係的看法，以及這些性別跨越是天或後天扮演可致的相關問題。

　　戲劇扮演中，為了演出與自身性別或其他特質相異的角色，需要靠一定程度的演技訓練和描摹的功夫，這在寫實性較弱，而程式化較強的中國戲曲，被認為更是如此。〔註54〕

　　花譜中即不時描寫一些演員的扮演能力。如《日下看花記》形容朱麒麟「卸妝毫無粉黛氣，秀慧可人，咸以蓮花目之。」〔註55〕也就是他演出時雖扮演女性，但下了舞台卸了妝之後，則不再具那種女性特質；亦即其舞台上的女性表現，是來自於他的裝扮和演出能力。

　　此外，嘉慶年間著名的演員高月官，擅長以優秀的演技扮演女性角色，在許多本花譜中都有對他的描寫。

　　在《日下看花記》中，作者在觀看高月官的演出時，描繪他：「體幹豐厚，

　　　　　1998），頁 625～667。

〔註52〕Sophie Volpp, "The Male Queen: Boy Actors and Literati Libertines"（PhD diss., Harvard University, 1995）.

〔註53〕梁紹壬，《兩般秋雨菴隨筆》（上海，上海古籍出版社，1993）卷 6，〈燕臺小樂府〉，頁 322。

〔註54〕Siu Leung Li, *Cross-Dressing in Chinese Opera*, 173～190.

〔註55〕小鐵笛道人，《日下看花記》，卷 4，《清代燕都梨園史料》，頁 92。

顏色老蒼，一上氍毹，宛然巾幗，無分毫矯強，不必徵歌，一頻、一笑、一起、一坐，描摹雌軟神情，幾乎化境；即凝思不語，或詬誶嘩然，在在聳人觀聽，忘乎其為假婦人。豈屬天生，未始不由體貼精微，而至後學，循聲應節，按部就班，何從覓此絕技？」〔註56〕認為他雖因本身性別為男性，而且天生身體並不似女性，但因描摹演技甚佳，因此雖然所演的是「假婦人」，靠他後天的學習努力，也能夠演活類似女人的表現。

另一《消寒新詠》的作者之一，問津漁者則對高月官的評價略有不同，認為他「在同行中齒稍長，而一舉一動，酷肖婦人。」雖然也認為他「豐厚有餘，而輕柔不足，見之者無紅顏女子之憐，有青蚨主母之號。」〔註57〕亦即他雖言行類似婦人，但在年齡上有些距離，因此其中相應的女性特質有所不同，非花譜作者文人們所喜好的年輕女子。《眾香國》中也有類似的看法，認為高月官「豐頤皤腹，語言體態，酷肖半老家婆，真覺耳目一新。」〔註58〕強調他扮演年老女性的形似。但不論是那本花譜對他的形容，都強調他精湛的演技，而能演出不同於個人天性特質的角色。

此外，《日下看花記》中討論演員蔣天祿時，指出「蔣郎情性，祇宜閨門旦，不宜花旦，較天壽迥別。近聞演習漸近自然，滿身風月矣。」〔註59〕認為不同演員有不同的「情性」，適合不同類的女性角色，但可藉由學習而逐漸接近，而變得「自然」。亦即顯示了女性特質是可學習的，且不同類型的女性特質也有所差異，都需藉由演技訓練等方面來模擬。

關於演員對於不同性別角色的演出方式，同時代紀昀的《閱微草堂筆記》中，記載一位演員的說法可供參照：「憶丁卯同年某御史，嘗問所昵伶人曰：爾輩多矣，爾獨擅場，何也？曰：吾曹以其身為女，必並化其心為女，而後柔情媚態，見者意消。如男心一線猶存，則必有一線不似女，烏能爭蛾眉曼睩之寵哉？若夫登場演劇為貞女，則正其心，雖笑謔亦不失其貞；為淫女，則蕩其心，雖莊坐亦不掩其淫；為貴女，則尊重其心，雖微服而貴氣存；為賤女，則斂抑其心，雖盛妝而賤態在；為賢女，則柔婉其心，雖怒甚無遽色；為悍女，則拗戾其心，雖理詘無異詞。其他喜怒哀樂，恩怨愛憎，一一設身

〔註56〕小鐵笛道人，《日下看花記》，卷4，《清代燕都梨園史料》，頁103。
〔註57〕鐵橋山人等，《消寒新詠》，卷4，頁83～84。
〔註58〕眾香主人，《眾香國》，《清代燕都梨園史料》，頁1036。
〔註59〕小鐵笛道人，《日下看花記》，卷4，《清代燕都梨園史料》，頁92。

處地，不以爲戲，而以爲眞，人視之竟如眞矣。他人行女事而不能存女心，作種種女狀而不能有種種女心，此我所以獨擅場也。」〔註 60〕

這位演員所說的，亦即認爲演員在扮演不同於自己天生性別的角色時，「心」最爲重要，藉由心的改變可使演員在演出時化身爲不同的性別，這種用心體會描摹的看法，在明清的其他劇評中也常出現。〔註 61〕

儘管上述以演技表現的扮裝演出受到肯定，但花譜許多對演員的品評中，仍更強調演員天性的重要性。例如《消寒新詠》中即指出：「人有雅俗之辨，物分媸妍之殊，美惡並列，自然相形見絀。然位置得宜，則天地間並無棄材。」〔註 62〕即強調演員個別天性特質，應相對於所適合扮演的角色。

許多花譜中的作品稱讚演員扮演女性的成功是出於天然。例如《日下看花記》中提到翠林是「不事修飾，天然嫵媚」，〔註 63〕《燕蘭小譜》則提及白二是「旦中之天然秀也。」〔註 64〕《日下看花記》評論蒿玉林的戲：「擅場有《反誑》《盜令》《著棋》《挑簾》《交帳》等劇，波眼傳情，柳腰作態，自然窈窕生妍。」〔註 65〕都屬這類強調天然的評價。

進一步而言，如果演員本身天生即有演出角色所需要的女性特質，則後天施妝扮演的功夫可以減省。例如幼芙被評爲「雖脂粉不施，貌娟娟如好女。」〔註 66〕表現出他即使不上妝，樣貌也同樣類似於女性，亦即特別強調其天然的女性化外貌。《日下看花記》中講到劉慶瑞「嬌姿貴彩，明艷無雙，態度安詳，歌音清美，每於淡處生妍，靜中流媚。不慣蹈蹻而腰支約素；不矜飾首而鬟髻如仙」〔註 67〕即指出他不需要靠太多外在的裝飾品和工具（包括模仿女性纏足的蹺），也可以演出漂亮的女性角色。

此外，《日下看花記》，形容文林「豐神瀟灑，氣韻淡逸，演劇如龍眠居士白描好手，動於天趣者，自咄咄逼眞。」〔註 68〕這裡的龍眠居士是指元代的畫家張渥臨，以其對人物等的細緻描繪著名，這裡用以比喻形容演員在演

〔註 60〕紀昀，《閱微草堂筆記》（上海：上海古籍出版社，2001），卷 12，頁 241～242。
〔註 61〕Siu Leung Li, *Cross-Dressing in Chinese Opera*, 163～167.
〔註 62〕鐵橋山人等，《消寒新詠》，卷 4，頁 73。
〔註 63〕小鐵笛道人，《日下看花記》，卷 2，《清代燕都梨園史料》，頁 64。
〔註 64〕安樂山樵，《燕蘭小譜》，卷 3，《清代燕都梨園史料》，頁 25。
〔註 65〕小鐵笛道人，《日下看花記》，卷 2，頁 68。
〔註 66〕蜃橋逸客等，《燕臺花史》，《清代燕都梨園史料》，頁 1067～1068。
〔註 67〕小鐵笛道人，《日下看花記》，卷 1，《清代燕都梨園史料》，頁 57。
〔註 68〕小鐵笛道人，《日下看花記》，卷 3，《清代燕都梨園史料》，頁 79。

戲時，因為「動於天趣」，天生的特質即接近所演角色，因而能達到如畫家畫出形似人物形象的效果般，成功地描摹劇中角色。

　　除了正面稱讚天生特質適合於演出的角色之外，也有從反面來看，認為某種天生特質，會造成演員演出上的不利。如《聽春新詠》中提到演員周甲寅「今易旦為生，不復見曩時綽約。然天生媚態，隨處皆宜，即此便非塵世界，三山何必訪蓬瀛。我輩鍾情，原不在珠圍翠繞也。」〔註69〕亦即認為他天生即具有「媚態」這樣的女性特質，即使試圖改演生角，也不能完全掩飾這種特質，因此仍以演旦角較為合適。

　　而《燕蘭小譜》形容常永春為「丰神秀雅，無媚容，無俗態，有翩翩佳公子之風。屈于旦色，恐未能學步邯鄲也。」〔註70〕也是認為他較具有如「佳公子」一般的男性特質，所以並不適合於演旦角。

　　如永福兒的情形，則更加複雜地反映不同類型性別特質的交錯。《燕蘭小譜》形容他「眉宇爽朗，清雅不凡。本習小生，後改旦色，故舉止落落，乏妖冶之態。今雖舉步邯鄲，而忸怩不寧觀者，轉增其媚。惜顴高口闊，非女兒家窈窕形容也。」〔註71〕他本來學小生，舉止行態更近於男性，但後來改學旦，被《燕蘭小譜》的作者認為是如「邯鄲學步」一般，也就是並不適合他原有的天賦，但又因為這種不適當的學習，使他演出時害羞困窘心神不寧，〔註72〕但這種狀況卻又「轉增其媚」，反而增添了一些他原來所缺少的女性特質，但即使如此，最後還是以身體本身的限制「顴高口闊」，指出他還是不適合於演年輕女性的角色。

　　此外，《聽春新詠》形容郝桂寶（字秋卿）：「芳姿獨絕秀骨天成……至其丹唇外朗，皓齒內鮮，意有所得，則嫣然一笑，不自知情之何以忽蕩也。《盤殿》《四門》《烤火》《番兒》諸劇，雖臻妙品，然秋卿佳處在生質不在人工，是以可苑爭春，止讓梅花第一。」〔註73〕亦即認為他細心描摹而從事的演出雖然值得觀賞，但遠不及他天生的外貌氣質來得吸引人。

〔註69〕留春閣小史，《聽春新詠》，〈西部〉，《清代燕都梨園史料》，頁189。

〔註70〕安樂山樵，《燕蘭小譜》，卷3，《清代燕都梨園史料》，頁29。

〔註71〕安樂山樵，《燕蘭小譜》卷3，《清代燕都梨園史料》，頁29。

〔註72〕「忸怩不寧」一詞，源自唐代韓愈的〈答崔立之書〉中描寫自己初學駢文時的窘態，形容為「忸怩而不寧者數月」。見董誥等編，《全唐文》，卷552，頁7092。

〔註73〕留春閣小史，《聽春新詠》，〈微部〉，《清代燕都梨園史料》，頁160。

　　留春閣小史在《聽春新詠‧別集》中則比較了兩位他頗欣賞的演員蔣金官（字雲谷）以及陶雙全（字柳溪）：「論者謂雲谷以自然勝，柳溪以揣摩勝。軒輊微分，然已如驂之靳矣。」〔註74〕亦即認為以自然取勝的蔣金官，更優於以揣摩演出突出的陶雙全，也因為這樣的評價，他在〈別集〉中，將蔣的排序放在第一，陶則放在第二。

　　由以上的許多例子來看，儘管演員的性別為男性，演員在舞台上的性別扮裝為一既成事實，而許多演員也的確以優越的演技，跨越了性別的界限，能演出理想的女性角色而獲得讚賞，亦即呼應了性別特質是可以藉由扮演而跨越達成的看法。但卻有許多評論，更重視所謂的天生自然，亦即演員個別的天生特質，這點除了本節所描述的舞台上的演出之外，也呼應了本書第三、四章中，屢次提到了各種強調「天生」的女性特質的描寫（如第三章第一節所描寫的閨秀女子比擬）。

　　雖然從花譜的作者觀看演員的演出，和實際的接觸來看，最多只能由台下台上扮裝前後的表現差異，來作為所謂「天生」或「後天」的判斷標準，但當時演員的生計並不限於舞台上，許多演員在舞台下仍需靠持續的「表演」來吸引觀眾戲迷，以經營打茶圍和私寓的活動，因此所謂的天生自然的性別特質，很可能其實是長期訓練培養展現出來的結果，而所謂的天然則可能只是文人們心目中一廂情願的想像。

　　然而，這些特質是否真是天生並不重要，重要的是文人們認為（或想像），許多男性演員本身「天生」就具有種種女性特質，因此實際演出時更能有精采表現，而平時的往來接觸中也能更具吸引力。且有的花譜作者甚至認為這種出於天然的演員，更勝於靠體會描摹而成功演出的演員。只是特別的是，這種天生的女性特質，是被認為存在於男性演員身上。

　　亦即，我們可以看到，雖然在清中葉北京劇場舞台上下，這樣一個演員性別扮裝的行為很平常的場域之中，性別特質的變化得以跨越了天生的性別，但許多文人的心目中，仍並未完全將性別特質視作可以完全任意靠後天的努力，以扮裝表演的方式改變，而常會受限於演員天生的特質，即使有些演員的確有這種跨越天生特質的能力而被稱讚，卻仍然不及他們心目中最理想的喜好對象——天生自然具有女性特質的男性演員。

〔註74〕留春閣小史，《聽春新詠》，〈別集〉，《清代燕都梨園史料》，頁194。

小　結

　　明末清初至清中葉扮裝風氣的興盛，使得性別特質的認定和想像，常常不再受限於個人的實際性別，而演員更是靠著扮演改裝而展現出不同的性別特質，第四章中所探討的花譜的描寫中，即賦與他們身上豐富的性別特質想像。

　　然而，從花譜中的描寫看來，這樣的性別跨越想像雖不受性別限制，卻受限於演員的年齡、出身地域，以及個別演員天生的特質。雖然這些因素有時只是出自想像，而不一定與實際相符合，例如被想像有南方女性特質的演員，可能其實出身於北方，被認為天生的女性特質可能其實也出自扮演模仿，但至少在文人們的心目中確實如此。因此即使在文人想像的層面，性別特質仍然不是可任意靠表演扮裝穿脫變換，性別界線也並非能自由地突破，而是必須在特定位置、特定條件才能更適當地展現出某一類型的性別特質。

第六章 結 論

　　本章綜合討論緒論中所提出的問題，進一步了解花譜中性別特質建構的
意義，並思考本主題進一步的研究方向。

一、花譜所建構性別特質的性別史意義

　　文人在花譜中所建構的這套性別特質架構，可放在傳統中國晚期性別史
中的何種位置？其中又有那些限制？這裡由內而外分為三個層次來討論。

　　花譜中的性別特質建構，可代表花譜作者社群的想法，但仍有其限制。從
花譜的匿名性中，一方面可看到社會上認為撰寫花譜不屬大雅之堂，另一方面
對許多文人來說，花譜撰寫的社群，常並非他們生命中最重要的一環。流連於
劇場撰寫花譜，固然可能帶來在這之外的圈子所無法得到的事物，如獲得聲色
的愉悅，以及滿足情感上、認同上的需求等，但這並非他們所處世界的全部。
例如在小說《品花寶鑑》中，文人梅子玉雖然醉心於文人和相公們所構築的世
界（如在怡園的空間中形塑的文人演員社群，以及他所鍾愛的演員琴言等），但
最後終究要回到「現實」的世界——娶妻生子追求功名。小說中且特別安排了
一個與琴言外貌等特質相似的女子作他的妻子，試圖解決這種矛盾。

　　因此，不能將花譜中構築的性別想像，直接視為這批文人完整的性別觀
念，而應視為他們整體思想中的一部分。在不同的場合，他們可能會展現出
心中不同層面的性別特質想像；由此也可以看到，即便只是他們性別觀念的
一個層面，已經是如此豐富複雜。

　　進一步擴及探討花譜的讀者。如第二章所討論的，花譜在北京有一定的
銷量，其讀者除了文人社群之外，尚有其他的觀劇社群，包括所謂「豪客」、

其他喜好戲劇的民眾，甚至部分能識字的演員。然而花譜的讀者是否都接受花譜中所反映的性別觀念，仍須進一步探討。

在花譜的記述中，可看到觀劇文人社群藉由花譜彼此往來交流，分享看法意見，共享類似的價值觀念，但文人以外讀者的閱讀反應則未能得見。對於非文人讀者來說，花譜中大量華麗詞藻的文字、詩詞等應不易理解，因此花譜對於一般喜好戲劇、或僅是想漁色旦角演員的人們來說，可能只是便於按圖索驥聽歌尋芳的重要指引。當時一些只列出演員基本資料、出身戲班，而連基本評論皆無的花譜（如《法嬰秘笈》）也能廣爲流傳，可推斷對一些讀者來說，花譜評論描寫演員的文字（及其反映的性別特質建構），反而是可有可無的。

而對於少數能讀花譜的演員來說，雖然文人在花譜中強調自己的觀點影響了演員，尤其注重部分演員文人化的形象，但正如么書儀的研究中指出，演員在閱讀或關注花譜時，可能更關心的是花譜以及文人所能給自身事業（不論是演戲或是打茶圍行業）帶來的好處和影響，[註1] 因而不見得是眞正分享贊同文人的價值觀和性別特質建構方式。由於資料中缺乏演員自身眞正的聲音，因此更不能過於高估花譜對演員的影響力。

然而，即使有上述的限制，我們也不能因此認定這套性別建構，純粹只是觀劇文人的想法，而與其他讀者無關。作爲花譜的讀者，他們儘管可能並不關心，但也確實接觸到了其中建構性別特質的方式；他們可能僅部分贊同、也可能反對（例如文人心目中的所謂的「豪客」、「俗客」）其中的品評觀點想法，但至少這些讀者能接受這樣一套性別觀念，存在於所購買閱讀的作品中，而不完全排拒，甚至也可能因長期的接觸，而對於這套性別建構方式習以爲常。

就讀者以外的層面來看，花譜雖然是一小群文人所撰寫的文本，讀者也以北京的戲劇觀眾爲主，但其中所構築性別觀念的世界，並非孤立於時代脈絡之外。

雖然花譜的性別特質建構，相較於盛清正統性別論述中強調禮教、禁欲，且重視女性貞節的論述格格不入，但文人仍與這樣的正統論述，分享了對於身體的防及淫逸的反感。

花譜構築的世界，與民間小戲、情歌中所展現的民間的情欲世界有所差距；[註2] 也與明末清初的才子佳人小說等所構築的性別理想特質有所區隔。

〔註1〕 么書儀，《晚清戲曲的變革》，頁335～343。
〔註2〕 參見李孝悌，〈18世紀中國社會中的情欲與身體：禮教世界外的嘉年華會〉，

但其中的一些男女理想形象，例如民間女子、有才女子等，也被納入文人的視野。

此外，花譜的性別特質，在用詞遣字上使用了中國古典文學中的諸多典故及其中的性別想像，在性別觀念上延續了晚明以來的男風文化、對情的重視，以及才女名妓文化中的一些性別想像。

二、對男性或女性的慾望

從本書中關於文人們性別特質建構的討論，得以說明緒論提到的問題：花譜以及《品花寶鑑》中所揭示的文人與演員的關係，是否能以同性戀的關係來解釋？首先，清代中葉的男男關係，與現代西方影響下平等往來的同性戀關係有所差異。雖然在花譜和《品花寶鑑》中，浪漫化描寫文人與演員間重情平等相待的例子可能真正存在，但文人與演員階層上的差異，以及私寓等制度的金錢往來，都使得他們常處於不平等的關係中。這種關係，也反映在二者性別特質的呈現中，文人處於偏男性特質的一方，而演員則處於陰柔女性特質的一方，這樣的相對關係是難以逆轉的。〔註3〕

進一步來說，文人在與演員的交往，以及對演員的描寫中，他們所慾望的對象（雖然文人喜歡用「情」而非「欲」來表達）究竟是男性或女性？首先由三、四章中的討論可看到，文人在花譜所描寫的特質中，尤其在外貌方面，較多數可歸於女性特質，雖然其中也融合了一些才能、性情上的男性特質，因而有部分雌雄同體的魅力存在，但仍可看出文人所喜愛的，主要是男性演員女性化的一面。

進一步以明清時代常有的女性化文人形象作對比。例如《品花寶鑑》中的主角梅子玉，即為一外貌個性都相當女性化的角色，但在文人與演員的往來中，他並不會成為其他男性文人（或如奚十一、潘其觀等反派豪客）喜好慾望的對象，而只會成為女性化演員的喜好對象。〔註4〕也就是說文人們在這

收入李孝悌，《昨日到城市：近世中國的逸樂與宗教》（台北：聯經出版公司，2008），頁 227～292。文中也有提到對民間歌謠對於男男之風的呈現方式，就與花譜中很不相同。

〔註3〕 相較而言，同階層男女之間的性別特質關係反而有時會反轉，明清小說中悍婦和懼內男性的形象就是其一，可參見馬克孟，《吝嗇鬼、潑婦、一夫多妻者──十八世紀中國小說中的性與男女關係》，頁 57～68。

〔註4〕 這裡並不是說當時的現實世界中，一般男性不會對非演員階層的女性化男性有

個文化氛圍之下，其喜好的對象不及於所有「具女性特質的男性」，而是「具有女性特質的男性小旦」，如上所述的階級差異，不僅不構成他們喜愛的障礙，反而是很重要的條件。這種情形與第二章第四節中所討論的，花譜中的他者建構有關，即使同樣具有他們所喜愛的性別特質（以及第五章所說的，地域、年齡、「天生麗質」這些可資想像這些特質的條件），假如所觀看對象缺少了作爲「他者」的距離之後，這種在文字中賞玩，並作出情慾想像的可能性便降低了，類似的特質，放在不同身分位置的人身上，對於觀看者的意義就變得完全不同。這點是清代的士優關係以及文人對演員的形塑想像中，與現代西方同性戀關係之間最大的差異，同時呼應了緒論中所討論的，在傳統中國的性別秩序中，性別特質的意義是常與所處身分位置相結合的。

三、性別跨越與既有性別秩序

　　花譜所構築的性別觀念中，充滿性別跨越的想像，其中性別特質不受個人生理性別的限制。然而這樣的性別特質建構方式，卻未對當時的性別秩序有較大的突破顛覆。

　　首先就建構方式和內涵來看，雖然從男性演員身上，可以反映多種的性別特質，但這些理想性別特質的紛陳，並不代表與既有性別特質建構秩序直接衝突，而是以另一種方式（即透過演員）來呈現；其中的特質內涵，如對閨秀氣質的要求、文才的重視、女性美的欣賞，以及身體之防道德的想像，雖然描寫的方式有所變異（例如第三章第一節所提到將某些性別特質置入閨秀形象），但至少並未明顯超出原本性別特質想像的範圍。

　　這些性別特質的想像，所以能透過演員的身體來呈現，其重要因素之一，是在文人心目中及當時社會的觀感上，演員是屬於他者的另一階級，這個距離的存在，使得雖然有性別特質的變化，但未對於傳統中國以男女有別爲基礎的性別建構秩序有所威脅。〔註5〕

身體上的慾望，從男男性侵的法律資料中，即可知實際上這樣的例子不少。但這裡要強調的是，在這群文人的心目中（《品花寶鑑》就是在文人陳森所形塑的理想型態）所形塑的一套感覺和想法中，至少他們自己認爲女性化的男性文人，不是他們所喜好的對象。關於清代男男性侵的例子，可參見 Matthew H Sommer, "Dangerous Males, Vulnerable Males, and Polluted Males: The Regulation of Masculinity in Qing Dynasty Law", in *Chinese Femininities Chinese Masculinities: a Reader*, ed. Susan Brownell, and Jeffrey N Wasserstrom ,67～88.

〔註5〕周慧玲即指出，男女演員有突破既有社會上性別關係的可能性（舞台上的扮

　　這種階層區隔，並非完全不能有所突破，但其中的例子，就需要以演員恢復其男性身分和特質爲前提。如知名演員楊法齡在退出舞台之後，文人楊懋建私下拜訪，形容他「言論風采，如太阿出匣，色正芒寒，令人不可逼視，覺扶風豪士在人目前，一洗金粉香澤習氣。」〔註6〕亦即隨著身分不再是演員，就不再具有女性特質的想像空間，而是恢復他原本的性別，加上他承載著與文人自身類同的男性特質，因而受到文人的敬重，視之爲與本身群體的一分子。另一例子是《品花寶鑑》的最後結局，主角文人梅子玉自己娶妻，而原本的「女主角」演員琴言則離開戲界，並恢復男兒身而成爲梅子玉的好友。

　　整體而言，看似相當自由的性別跨越，仍只能存在於那個被描寫、凝視、賞玩的演員階層之中，因此雖然其性別特質的展現方式有異於傳統的男女有別，卻非從根本上突破這個結構。

　　另從實際上政府及社會上的反應來看，相較於晚明日常生活中「服妖」的性別錯亂，所造成當時人對男女及階層區隔突破的嚴重憂慮，〔註7〕花譜及男色的世界，雖然也受到當時人的批評，但主要僅作爲對社會風氣淫逸的批評，而非擔憂既有性別和階層秩序的破壞。〔註8〕而相較於對女演員活動和官員挾妓的限制，清朝政府對北京戲劇界的性別跨越現象，無如此強烈的禁制，因而在北京妓業沒落的同時，以小旦爲主角的男色風氣能在北京持續百餘年。官方這種默許的態度，也可側面看出花譜所反映和營造出的性別建構方式，並未對既有的性別秩序造成很大的威脅。

四、邊緣文人研究的意義

　　作爲社會文化史研究的一環，對於花譜中的分析，有助於進一步認識清代的文人文化。撰寫花譜的這群邊緣文人，一方面承繼了晚明以來，文人喜

　　　　裝，女演員能活躍於公共場合等），使得他們被「特殊化」，而放置在非正常的社會階層之中，他們的低賤化是這種突破的一種「懲罰」。周慧玲，〈女演員、寫實主義、「新女性」晚清到五四時期中國現代劇場中的性別表演〉，《近代中國婦女史研究》，4（1996），頁87～133。

〔註6〕 蕊珠舊史，《辛壬癸甲錄》，《清代燕都梨園史料》，頁284。

〔註7〕 見林麗月，〈衣裳與風教：晚明的服飾風尚與「服妖」議論〉，《新史學》，10：3（1999），頁111～157。

〔註8〕 如蔣士詮作〈戲旦〉一詩批評：「朝爲俳優暮狎客，行酒鐙筵逞顏色，士兼嗜好誠未知，風氣妖邪此爲極。」蔣士銓，《忠雅堂集校箋》（上海：上海古籍出版社，1993），卷8，頁707。

好品賞事物和重情等特性，一方面作爲特定時空下的觀劇文人社群，又與其他文人社群，如更愛好品賞名妓的江南文人，或同在北京，但在官場上有影響力的主流士人社群之間，品味喜好的認同有差異。進一步從文人撰寫花譜時的匿名性來看，文人社群並非純然以個人爲區分，而是同一人在不同的情境下，可能有不同的身分和社群文化認同。

從社群認同的角度來看，這群文人藉由花譜的撰寫，不斷找尋自身的位置和認同，界定出自身與其他觀眾之間的差異。例如在欣賞演員身上的女性特質時，重視閨秀形象而避開妓女形象的比擬，以強調自身較高階層的品味；而具文才演員的描寫，推崇了文才的價值，以及自身對演員的影響力；而透過對於淫欲時好的批判，以及文人與演員之情的描寫，更是強調了文人的風雅，貶低了「豪客」的惡質形象；對於「美」的欣賞和華麗的描寫文字，則展現了文人的文才和品味。

也就是說，花譜在形塑理想演員形象的同時，也反過來形塑了在北京觀劇界中，一套理想的男性觀劇人的標準，並將這樣的理想形象指向文人自身。這群在功名追求中不得志的邊緣文人，在這些自我形塑和實踐中，強化了他們在社群中的彼此認同，並展現了自己作爲男性的價值，亦即強化形塑了這群邊緣文人所具有的男性特質。〔註9〕

因此，從這群文人心目中性別特質的探討中，可看到他們藉由花譜這樣的一種文本，構築出由自身品味、戲劇、演員、性別跨越、道德觀等要素，相結合而成的一個小世界，並於其中找尋自身的價值認同。他們的想法觀念可能與政治上、學術上佔有主流地位的士大夫有所不同，甚至不存在一套可登大雅之堂的思想，但這些想法觀念，展現了清中葉思想文化的多元性。

五、戲劇史的意義

花譜產生時的北京，正是女性演員被禁而乾旦興盛之時，京劇也在此間逐漸形成，乾旦的扮裝演出方式，成爲京劇藝術中重要的一環。乾旦表演藝

〔註9〕 這種藉由形塑他者的特質來建構形塑自身形象特質的情形，在黃衛總的研究中也有提及，在明清士人所建構的女性形象特質，其目的常是爲了建構自身的男性特質，見 Martin W. Huang, *Negotiating Masculinities in Late Imperial China*, 1～3.藉由一套來往方式規範來建立形塑男性特質，在清代後期上海的高級妓院中也存在，見 *Gail Hershatter, Dangerous Pleasures: Prostitution and Modernity in Twentieth-Century Shanghai*（Berkeley: University of California, 1997），101～102.

術上的特色和發展歷史背景已有較多的研究。〔註 10〕本書的主軸不在戲劇史本身，這裡主要從觀眾觀點的了解作簡單的討論。

　　花譜對於演員的記述，一方面能藉以了解當時演員與戲劇發展的情形，但如本書所述，其中很大的一部分，反映的是文人對演員的理想化想像，而不能完全視為演員的真實呈現。但也正是這樣的特性，使得我們更能看到旦行演員的演出，如何由觀眾群之一的文人所接受和再現，其中不僅有對於戲劇藝術的欣賞，還包含對演員各種性別理想特質的豐富想像，可看到同樣的戲劇演出，對於不同觀眾而言，具有的多樣性豐富意義。（至於，對那些未看完戲就帶演員走的「豪客」，可能又是另一種意義）。

　　此外，花譜中對於天生與後天扮演的討論中，雖然也欣賞演員的扮演能力，但卻更強調演員個人的天生特質（即使是否真為天生很難確定）與所演角色間的關係，這樣的評論標準，可看到把個人特質與劇中角色相結合的觀眾心理，而演員也為了吸引觀眾這樣的想像，試圖讓自己看來「天生自然」具有某些特質，甚至以在舞台之下持續「表演」的方式，來達成這種目的。〔註11〕

六、性別特質研究的可能性

　　本書對性別特質的探索，尤其花譜、演員等相關的課題中，有許多未及之處，和進一步研究的可能性，以下作簡單的討論。

　　演員的名字是可進一步探討的主題。在演員演出時，大多使用藝名而非原名，藝名多由其師父或所屬戲班、私寓所取，取名的方式多著眼有利於獲得觀眾喜愛和注目。〔註 12〕藝名之外尚有字號，有時為另外自取，有時則由

〔註10〕　王安祈，〈梅蘭芳以雅正為女性塑造的內在隱衷——從乾旦與流派說起〉，收入國科會人文處、彰師大國文系主編，《台灣學術新視野》（台北：五南圖書公司，2007），頁 813～838；么書儀，〈明清演劇史上男旦的興衰〉，收入氏著，《晚清戲曲的變革》，頁 114～147。陳家威，〈清代京劇中之乾旦研究〉，收入《考功集・畢業論文選萃》，5 輯（香港：香港嶺南學院中文系，2005）；宋祖慈，〈坤生與乾旦——戲曲中的反串〉（台北：國立藝術學院戲劇研究所碩士論文，1998）。

〔註11〕　這種試圖讓角色與演員形象結合的作法，在民國的著名乾旦如梅蘭芳的演出中，有更進一步的發展，從角色、劇目的選擇以及個人特質的形塑都更有意識地進行，相較於清中葉的乾旦有迎合觀眾的心態，梅蘭芳由此則發展出個人的流派風格，參見王安祈，〈梅蘭芳以雅正為女性塑造的內在隱衷——從乾旦與流派說起〉，頁 822～823。

〔註12〕　王照璵，〈清代中後期北京「品優」文化研究〉，頁 158～162。

來往的文人所取。﹝註 13﹞這些刻意而爲之的名字，多有性別特質的想像在其中，也常連結他們所具有的性別特質，值得作進一步的討論。﹝註 14﹞

　　演員的聲音與性別特質的關係也是值得探討的主題。作爲戲曲演出的重要一環，經由訓練而演出的唸白喝曲，與現實中的聲音有明顯的差異。演員在舞台上以小嗓扮演女性，以及在舞台下與人來往時的聲音，如何帶給聽者性別特質的想像，都很值得進一步探討。﹝註 15﹞

　　從時代延續的觀點來看，本書的時代斷限在清代中期，到了清代後期，雖然花譜與旦角的風靡仍然持續，但京劇界形成以鬚生爲首的舞台，產生另一套不同於花譜的審美觀，以及蘊含於其中的性別特質建構想像（更強調鬚生男性特質的展現），這兩種審美觀和性別觀的交會、女演員在晚清的再度登場，以及晚清西方文化進入中國，所帶來性別觀念的變化，使得晚清戲劇界的性別特質想像建構，更值得進一步探討。

　　此外，作爲男性和女性特質的研究，本研究僅主要以花譜爲資料，亦即文人對演員形塑方面的研究，並配合原本已有較多的，關於明清小說中男女形象建構的研究。未來可能的進一步方向，是結合其他類型的資料，如戲劇、筆記、文集、家書、日記、思想類、宗教類作品等，以看到不同於花譜及小說中的性別特質建構，期能描繪出更完整、更豐富的清人性別觀念圖像。

﹝註 13﹞與演員姓名可相對照比較的，是在 Susan Mann 的研究中，曾提及 18 世紀妓女名字的意義，她指出樂器、花及味道三者是最常使用的名字。Susan Mann, *Precious Records: Women in China's Long Eighteenth-century*, 139～140。

﹝註 14﹞關於性別與姓名之間關係，目前較有啓發性的研究，可見李廣均，〈志明和春嬌：爲何兩「性」的名字總是有「別」？〉，《台灣社會學》，12（2006），頁 1～67。

﹝註 15﹞花譜之一的《消寒新詠》中即有一套用「鳥」來比喻演員聲音的描寫方式，尤其值得作進一步的探究。

參考書目

一、史　料

1. 王實甫，《西廂記》，台北：里仁書局，1995年。

2. 王曉傳，《元明清三代禁毀小說戲曲史料》，北京：作家出版社，1957年。

3. 王韜，《淞隱漫錄》，北京：人民文學出版社，1982年。

4. 孔尚任，《桃花扇》，台北：普天出版社，1969年。

5. 古棠天放道人編次，曲水白雲山人批評，《杏花天》，台北：雙笛國際事務有限公司，1994年。

6. 西溪山人，《吳門畫舫錄》，台北：清流出版社，1976年。

7. 田仲一成編，《清代地方劇資料集（一）華北篇》，東京：東京大學東洋文化研究所附屬東洋學文獻センタ，1968年。

8. 田仲一成編，《清代地方劇資料集（二）華中‧華南篇》，東京：東京大學東洋文化研究所附屬東洋學文獻センタ，1968年。

9. 余鵬年，《曹州牡丹譜》，收入《叢書集成新篇》，台北：新文豐出版社，1985，44集，頁101～105。

10. 全祖望等，《宋元學案》，台北：正中書局，1954年。

11. 沈守正，《雪堂集》，收入《四庫禁燬書叢刊》，北京：北京出版社，2000年，70冊。

12. 沈德符，《萬曆野獲編》，北京：中華書局，1959年。

13. 昭槤，《嘯亭雜錄》，台北：新興書局，1979年。

14. 李斗，《揚州畫舫錄》，北京：中華書局，1960年。

15. 李漁，《閒情偶記》，台北：台灣時代書局，1975 年。

16. 李漁，《無聲戲》，杭州：浙江古籍出版社，1987 年。

17. 余懷著，李金堂校注，《板橋雜記》，上海：上海古籍出版社，2000 年。

18. 紀昀，《閱微草堂筆記》，上海：上海古籍出版社，2001 年。

19. 紀昀，《欽定四庫全書總目》，台北：台灣商務印書館，1983 年。

20. 俞樾，《九九銷夏錄》，北京：中華書局，1995 年。

21. 班昭，《女誡》，見范曄，《後漢書》，台北：鼎文書局，1983 年，頁 2786
    ～2791。

22. 梁紹壬，《兩般秋雨菴隨筆》，上海：上海古籍出版社，1993 年。

23. 范成大，《菊譜》，收入《叢書集成新篇》，台北：新文豐出版社，1985 年，
    44 集，頁 113～114。

24. 范成大，《梅譜》，收入《叢書集成新篇》，台北：新文豐出版社，1985 年，
    44 集，頁 120～121。

25. 秋谷老人，《海漚小譜》，收入雷瑨輯，《清人說薈》，台北：廣文書局，1969
    年，2 集，頁 859～867。

26. 徐震，《美人譜》，收入蟲天子編，《香豔叢書》，台北，進學書局，1969，
    第 1 冊年。

27. 梅禹祚著，陸林校點，《青泥蓮花記》，合肥：黃山書社，1998 年。

28. 徐珂，《清稗類抄》，北京：中華書局，1984 年。

29. 張次溪編，《清代燕都梨園史料・正續編》，北京：中國戲劇出版社，1988
    年。

30. 張岱，《陶庵夢憶》，台北：漢京文化事業，1984 年。

31. 張謙德，《瓶花譜》，收入《叢書集成新篇》，台北：新文豐出版社，1985
    年，50 集。

32. 張曦照，《秦淮豔品》，收入《秦淮香豔叢書》，台北：廣文書局，1991 年。

33. 陳林主編，王星琦、曹連觀選注，《清代筆記小說類編・煙粉卷》，合肥：
    黃山書舍，1994 年。

34. 陳思，《海棠譜》，收入《叢書集成新篇》，台北：新文豐出版社，198 年，
    44 集。

35. 陳深，《品花寶鑑》，台北：博遠出版公司，1987 年。

36. 陳善，《捫虱新話》，收入俞鼎孫、俞經輯，《儒學警悟》，香港：龍門書店，
    1967 年。

37. 雲樵居士，《秦淮聞見錄》，收入《秦淮香豔叢書》，台北：廣文書局，1991
    年。

38. 夏庭芝，《青樓集》，台北：中國學典館復館籌備處，1974 年。

39. 黃一正，《事物紺珠》，收入《四庫全書存目叢書》，台南：莊嚴文化事業有限公司，1995 年，子部第 200 冊。

40. 曹雪芹，《紅樓夢》，台南：世一書局，1992 年。

41. 彭定求等編，《全唐詩》，北京：中華書局，1959 年。

42. 楊伯峻，《春秋左傳注》，台北：洪葉文化，1993 年。

43. 路工編選，《清代北京竹枝詞》，北京：北京出版社，1962 年。

44. 董誥等編，《全唐文》，台北：大通書局，1979 年。

45. 蔣士銓，《忠雅堂集校箋》，上海：上海古籍出版社，1993 年。

46. 趙翼，《簷曝雜記》，台北：新興書局，1966 年。

47. 趙翼，《陔餘叢考》，台北：世界書局，1950 年。

48. 黎靖德編，《朱子語類》，京都：中文出版社，1973 年。

49. 劉義慶著，余嘉錫撰，《世說新語箋疏》，台北：仁愛書局，1984 年。

50. 衛泳，《悅容篇》，收入蟲天子編，《香豔叢書》，台北：進學書局，1969 年，第 1 集。

51. 潘之恒原著，汪效倚輯注，《潘之恒曲話》，北京：中國戲劇出版社，1988 年。

52. 戴璐，《藤陰雜記》，北京：北京古籍出版社，1982 年。

53. 鐵橋山人撰，周育德校刊，《消寒新詠》，北京：中國戲曲藝術中心，1986 年。

二、近人論著

（一）中　文

1. 大木康着，辛如意譯，《秦淮風月：中國的遊里空間》（譯自：《中国遊里空間明清秦淮妓女の世界》，東京都：青木社，2002），台北，聯經出版公司，2007 年。

2. 王安祈，《明代傳奇之劇場及藝術》，台北：學生書局，1986 年。

3. 王安祈，〈兼扮、雙演、代角、反串──關於演員、腳色和劇中人三者關係的幾點考察〉，收入華瑋、王璦玲主編，《明清戲曲國際研討會論文集》，台北：中央研究院中國文哲研究所籌備處，1998 年，頁 625～667。

4. 王安祈，〈梅蘭芳以雅正為女性塑造的內在隱衷──從乾旦與流派說起〉，收入國科會人文處、彰師大國文系主編，《台灣學術新視野》，台北：五南圖書公司，2007 年，頁 813～838。

5. 王照璵，〈清代中後期北京「品優」文化研究〉，南投：暨南大學碩士論文，

2007 年。

6. 王政、杜芳琴主編，《社會性別研究選譯》，北京：三聯書店，1998 年。

7. 王標，《城市知識分子的社會形態：袁枚及其交游網絡的研究》，上海：上海三聯書店，2006 年。

8. 王璦玲，〈晚明清初戲曲審美意識中情理觀之轉化及其意義〉，《中國文哲研究集刊》，19（2001），頁 183～250。

9. 王璦玲，《晚明戲曲之審美構思與其藝術呈現》，台北：中央研究院文哲研究所，2005 年。

10. 王寧，《宋元樂妓與戲劇》，北京：中國戲劇出版社，2003 年。

11. 王鴻泰，〈閒情維致——明清間文人的生活經營與品賞文化〉，《故宮學術季刊》，22：1（1994），頁 69～97。

12. 王鴻泰，〈青樓名妓與情藝生活——明清間的妓女與文人〉，收入熊秉真、呂妙芬主編，《禮教與情慾——前近代中國文化中的後／現代性》，台北：中央研究院近代史研究所，1999 年，頁 73～123。

13. 王鴻泰，〈俠少之游——明清士人的城市交游與尚俠風氣〉，收入李孝悌編，《中國的城市生活》，台北：聯經出版公司，2005 年，頁 101～147。

14. 王鴻泰，〈迷路的詩——明代士人的習詩情與人生選擇〉，《中央研究院近代史研究所集刊》，50（2005），頁 1～54。

15. 王鴻泰，〈明清文人的女色品賞與美人意象的塑造〉，《中國史學》（京都），16（2006），頁 83～100。

16. 毛文芳，《物・性・觀看——明末清初文化書寫新探》，台北：學生書局，2001 年。

17. 么書儀，〈楊掌生和他的《京塵雜錄》——兼談嘉、道年間的「花譜」熱〉，《中國戲曲學院學報》，25：1（2004），頁 60～65。

18. 么書儀，〈試說嘉慶、道光年間的「花譜」熱〉，《文學遺產》，2004：5，頁 96～106。

19. 么書儀，《晚清戲曲的變革》，北京：人民文學出版社，2006 年。

20. 么書儀，《程長庚・譚鑫培・梅蘭芳——清代至民初京師的輝煌》，北京：北京大學出版社，2009 年。

21. 巴特勒（Judith Butler）著，林郁庭譯，《性/別感亂——女性主義與身分顛覆》（譯自：*Gender Trouble: Feminism and the Subversion of Identity*, New York: Routledge,1999），台北：桂冠圖書公司，2008 年。

22. 丘慧瑩，《乾隆時期戲曲活動研究》，台北：文津出版社，2001 年。

23. 田根勝，《近代戲劇的傳承與開拓》，上海：上海三聯書店，2005 年。

24. 史華羅（Paolo Santangelo）著，林舒俐、謝琰、孟琢譯，《中國歷史文化

中的情感文化——對明清文獻的跨學科文本研究》（譯自：*Sentimental Education in Chinese History: An Interdisciplinary Textual Research on Ming and Qing Sources*, New York and Leiden: Koninklijke Brill, 2003），北京：商務印書館，2009 年。

25. 任半塘，《唐戲弄》，北京：作家出版社，1958 年。

26. 艾梅蘭（Maram Epstein）著，羅琳譯，《競爭的話語：明清小說中的正統性、本眞性及所生成之意義》（譯自：*Competing Discourses: Orthodoxy, Authenticity, and Engendered Meaning in Late Imperial Chinese Fiction*, Cambridge, Mass: Harvard University Asia Center, 2001），南京：江蘇人民出版社，2005 年。

27. 宋祖慈，〈坤生與乾旦—戲曲中的反串〉，台北：國立藝術學院戲劇研究所碩士論文，1998 年。

28. 吳玉杏，〈「三言」之越界研究〉，台北：國立政治大學中國文學研究所碩士論文，2003 年。

29. 吳存存，〈清代相公考略〉，《中國文化》，14（1996），頁 182～193。

30. 吳存存，〈清代士狎優蓄童風氣敍略〉，《中國文化》，15、16（1997），頁 231～243。

31. 吳存存，〈性別問題與明清性史的研究〉，收入葉舒憲主編，《性別詩學》，北京：社會科學文獻出版社，1999 年，頁 117～126。

32. 吳存存，《明清性愛風氣》，北京：人民文學出版社，2000 年。

33. 吳存存，〈明中晚期社會男風流行狀況敍略〉，《中國文化》，17、18（2001），頁 256～269。

34. 吳存存，〈「軟紅塵裡著新書」——香溪漁隱《鳳城品花記》與晚清的「花譜」〉，《中國文化》，23（2006），頁 73～85。

35. 吳存存，〈梨園花譜——清中晚期北京男風盛行下的流行讀物〉，《中國性研究》，2：6（2007），頁 9～24。

36. 吳存存，〈清代梨園花譜流行狀況考略〉，《漢學研究》，26：2（2008），頁 163～184。

37. 吳建雍，《北京城市發展史‧清代卷》，北京：北京燕山出版社，2008 年。

38. 吳曉鈴，〈《青樓集》撰人姓名考辨〉，《星島日報‧俗文學副刊》，1941：29。

39. 李志宏，〈論明末清初才子佳人小說中「佳人」形象範式的原型及其書寫——以作者立場爲討論基礎〉，《國立臺北教育大學學報》，18：2（2005），頁 25～62。

40. 李廣均，〈志明和春嬌：爲何兩「性」的名字總是有「別」？〉，《台灣社會學》，12（2006），頁 1～67。

41. 李匯群，〈「才女」與「名妓」：晚明至嘉道文人社會的流行書寫〉，《中華

文化研究》，2008 冬之卷，頁 45～53。

42. 李艷梅，〈「審美性」與「體貼」——論《紅樓夢》的女性文化意涵〉，《貴州學報（社會科學版）》，21：3（2003），頁 93～103。

43. 杜桂萍，〈色藝觀念、名角意識及文人情懷——論《青樓集》所體現的元曲時尚〉，《文學遺產》，2003：5，頁 97～104。

44. 邱仲麟，〈風塵、街壤與氣味：明清北京的生活環境與士人的帝都印象〉，《清華學報》，34：1（2004），頁 181～225。

45. 周貽白，《中國戲劇發展史》，台北：僩勉出版社，1975 年。

46. 周慧玲，〈女演員、寫實主義、「新女性」晚清到五四時期中國現代劇場中的性別表演〉，《近代中國婦女史研究》，4（1996），頁 87～133。

47. 林麗月，〈衣裳與風教：晚明的服飾風尚與「服妖」議論〉，《新史學》，10：3（1999），頁 111～157。

48. 胡忌、劉致中，《崑劇發展史》，北京：中國戲劇出版社，1989 年。

49. 胡曉真，〈名花與賤業——淺論清代與民初京劇的伶人文化〉，《歷史月刊》，86（1995），頁 123～129。

50. 胡曉真，〈祕密花園：論清代女性彈詞小說中的幽閉空間與心靈活動〉，收入熊秉真主編，王瓊玲、胡曉真合編，《欲掩彌彰：中國歷史文化中的「私」與「情」——私情篇》，台北：漢學研究中心，2003 年，頁 279～316。

51. 高彥頤（Dorothy Ko）著，李志生譯，《閨塾師：明末清初江南的才女文化》（譯自：*Teachers of Inner Chambers: Women and Culture in Seventeenth-Century China*, Stanford: Stanford University Press, 1994），南京：江蘇人民出版社，2005 年。

52. 高彥頤（Dorothy Ko）著，苗延威譯，《纏足：「金蓮崇拜」盛極而衰的演變》，（譯自：*Cinderella's Sisters: a Revisionist History of Footbinding*, Berkeley, Calif.: University of California Press, 2005），台北：左岸文化出版社，2007 年。

53. 袁書非（Sophie Volpp），〈如食橄欖——十七世紀中國對男伶的文學消受〉，收入陳平原、王德威、商偉編，《晚明與晚清：歷史傳承與文化創新》，武漢：湖北教育出版社，2002 年年，頁 291～297。

54. 孫康宜，〈性別與經典論：從明清文人的女性觀說起〉，收入吳燕娜編，《中國婦女與文學論集》，第二集，台北：稻香出版社，1999 年，頁 135～152。

55. 馬少波等著，《中國京劇史》，北京：中國戲劇出版社，1998 年。

56. 馬克孟（McMahon, Keith）著，王維東、楊彩霞譯，《吝嗇鬼、潑婦、一夫多妻者——十八世紀中國小說中的性與男女關係》（譯自：*Misers, Shrews, and Polygamists: Sexuality and Male-female Relations in Eighteenth-century Chinese Fiction*, Durham: Duke University, 1995），北京：人民文學出版社，

2005 年。

57. 章學誠，〈婦學〉，收入氏著，《文史通義校注》，台北：里仁書局，1984
　　年，頁 531～553。

58. 張小虹，《性別越界：女性主義文學理論與批評》，台北：聯合文學出版社，
　　1995 年。

59. 張在舟，《曖昧的歷程：中國古代同性戀史》，鄭州：中州古籍出版社，2001
　　年。

60. 張遠，〈近代城市京劇女演員（1900～1937）──以滬、平、津爲中心的
　　探討〉，台北：台灣大學歷史學系碩士論文，2001 年。

61. 張發穎，《中國戲班史》，瀋陽：瀋陽出版社，1991 年。

62. 張斐怡，〈女性表演者也留名青史──元代《青樓集》一書中所反映的歌
　　妓生活〉，《婦研縱橫》，72（2004），頁 80～85。

63. 陳芳，《乾隆時期北京劇壇研究》，台北：學海出版社，2000 年。

64. 陳芳英，《戲曲論集：抒情與敘事的對話》，台北：國立台北藝術大學，2009
　　年。

65. 陳東原，《中國婦女生活生》，台北：台灣商務印書館，1997 年。

66. 陳家威，〈清代京劇中之乾旦研究〉，收入《考功集・畢業論文選萃》5 輯，
　　香港：香港嶺南學院中文系，2005 年。

67. 陳慧芬，〈梅鼎祚「青泥蓮花記」研究〉，高雄：中山大學中國文學研究所
　　碩士論文，2003 年。

68. 黃育馥，〈京劇──觀察中國婦女地位變化的窗口〉，見閔家胤編，《陽剛
　　與陰柔的變奏》，北京：中國社會科學出版社，1995 年，頁 323～340。

69. 黃育馥，《京劇、蹺和中國的性別關係（1902～1937）》，北京：三聯書店，
　　1998 年。

70. 黃宗漢，〈宣南文化研究概說〉，收入朱耀廷主編，《北京文化史研究》，北
　　京：光明日報出版社，2008 年，頁 111～125。

71. 喻緒琪，〈明清扮裝文本之文化象徵與文藝美學〉，高雄：中山大學中國文
　　學研究所博士論文，2008 年。

72. 彭體春，《性別與陰陽──中國十七世人情人小說性屬主題研究》，成都：
　　四川出版集團巴蜀書社，2009 年。

73. 華瑋，〈明清婦女劇作中之「擬男」表現與性別問題──論《鴛鴦夢》、《繁
　　華夢》、《喬影》與《梨花夢》〉，收入華瑋、王璦玲主編，《明清戲曲國際
　　研討會論文集》下，台北：中央研究院中國文哲研究所籌備處，1998 年，
　　頁 573～623。

74. 齊森華，〈試論明代家樂〉，收入華瑋、王璦玲主編，《明清戲曲國際研討

會論文集》，頁 305～326。

75. 廖奔、劉彥君，《中國戲曲發展史》，太原：山西教育出版社，2000 年。

76. 裴偉，〈由「性感」說「夭斜」〉，《漢字文化》，2006：5，頁 83～84。

77. 蔡祝青，〈明末清初小說中男女扮裝之性別與文化意義〉，嘉義：南華大學碩士論文，2001 年。

78. 潘麗珠，《清代中期燕都梨園史料評藝三論研究》，台北：里仁書局，1998 年。

79. 劉巨才，《選美史》，上海：上海文藝出版社，1997 年。

80. 劉詠聰，《德·才·色·權——論中國古代女性》，台北：麥田出版社，1998 年。

81. 劉德漢，《東周婦女問題研究》，台北：學生書局，1990 年。

82. 醒石，〈坤伶開始至平之略歷〉，《戲劇月刊》，3：1（1930），頁 1～2。

83. 鮑家麟，〈陰陽學說與婦女地位〉，收入於鮑家麟編，《中國婦女史論集續集》（台北：稻鄉出版社，1999 年），頁 37～54。

84. 厲震林，〈中國優伶性別表演〉，上海：上海戲劇學院博士論文，2002 年。

85. 費儀·金絲伯格（Faye Ginsburg）、安娜·羅文哈普特·鄭（Anna Lowenhaupt Tsing）著，伍吡譯，〈《不確定的詞語概念——美國文化中社會性別的磋商較量》序言〉（譯自："Introduction to *Uncertain Terms: Negotiating Gender in American Culture*", Boston: Beacon Press, 1990），收入王政、杜芳琴主編，《社會性別研究選譯》，北京：三聯書店，1998 年，頁 246～265。

86. 藍勇，〈中國古代美女的地域認同文化研究〉，《學術研究》，2008：2，頁 116～125。

87. 嚴明，《中國名妓藝術史》，台北：文津出版社，1992 年。

88. 譚帆，《優伶史》，上海：上海文藝出版社，1995 年。

89. 蘇珊·布郎米勒（Susan Brownmiller）著，徐飆、朱萍譯，《女性特質》（譯自：*Femininity*, New York: Linden Press, 1984），南京：江蘇人民出版社，2006 年。

90. 龔斌，《情有千千結：青樓文化與中國文學研究》，上海：漢語大辭典出版社，2001 年。

91. 龔鵬程，〈品花記事：清代文人對優伶的態度〉，收入氏著，《中國文人階層史論》，蘭州：蘭州大學出版社，2004 年，頁 189～249。

92. Colin P. Mackerras 著，馬德程譯，《清代京劇百年史（1770～1870）》（譯自：*The rise of the Peking Opera, 1770～1870: Social aspects of the Theatre in Manchu China*, Oxford: Clarendon Press, 1972），台北：中國文化大學，1989 年。

93. R. W.康奈爾（Raewyn Connell）著、柳莉等譯，《男性氣質》（譯自：*Masculinity*, Sydney: Allen & Unwin, 1995），北京：社會科學文獻出版社，2003 年。

（二）英　文

1. "AHR Forum: Gender and Manhood in Chinese History." American Historical Review 105:5 （2000）: 1559～1666.

2. Bailey ,Joanne. "Is the Rise of Gender History 'Hiding' Women from History once again?" History in focus. 2006. http://www.history.ac.uk/ihr/Focus/ Gender/articles.html　（25 May 2010）

3. Brownell, Susan and Wasserstrom, Jeffrey N. eds. Chinese Femininities Chinese Masculinities: A Reader, Berkeley: University of California Press, 2002.

4. Chang, Kang-i Sun. "Ming-Qing Women poets and cultural Androgyny" in Feminism/Feminist in Chinese Literature, edited by Peng-hsiang Chen and Whitney Crothers Dilley, 21-32. Amsterdam and New York: Rodopi, 2002.

5. Edwards, Louis P. Men and Women in Qing China: Gender in The Red Chamber Dream, Honolulu: University of Hawai'I Press, 2001.

6. Flood, Michael, Judith Kegan Gardiner, Bob Pease, and Keith Pringle eds. International encyclopedia of Men and Masculinities, London and New York: Routledge, 2007.

7. Foyster, E. A. Manhood in Early Modern England: Honor, Sex and Marriage, London: Longman, 1999.

8. Furth, Charlotte. "Ming-Qing Medicine and the Construction of Gender", 《近代中國婦女史研究》，2（1994），頁 229～250。

9. Furth, Charlotte. "Androgynous Males and Deficient Females: Biology and Gender Boundaries in Sixteenth- and Seventeenth-Century China." Late imperial China 9:2（1998）: 1～31.

10. Furth, Charlotte. "Blood, Body and Gender: Medical Images of the Female Condition in China,1600 ～ 1850," in *Chinese Femininities Chinese Masculinities: A Reader*, edited by Susan Brownell and Jeffrey N. Wasserstrom, 291～314. Berkeley: University of California Press, 2002.

11. Goldman, Andrea S. "Actors and Aficionados in Qing Dynasty Texts of Theatrical Connoisseurship." *Harvard Journal of Asiatic Studies* 68:1（2008）: 1～56.

12. Hadley, D. *Masculinity in Medieval Europe*, London: Longman, 1999.

13. Haywood, Chris and Ghaill, Mairtin Mac. *Men and Masculinities: Theory, Research and Social Practice*, Buckingham and Philadelphia: Open University Press, 2003.

14. Hershatter, Gail. *Dangerous Pleasures: Prostitution and Modernity in Twentieth-Century Shangha*i, Berkeley: University of California, 1997.

15. Hinsch, Bret. *Passions of the Cut Sleeve: the Male Homosexual Tradition in China*, Berkeley and Los Angeles: University of California, 1990.

16. Huang, Martin W. *Literati and Self-Re/Presentation: Autobiographical Sensibility in the Eighteenth-Century Chinese Novel*, Stanford: Stanford University Press, 1995.

17. Huang, Martin W. *Negotiating Masculinities in Late Imperial China*, Honolulu: University of Hawai'i Press, 2006.

18. Huang, Martin W. "Male Friendship in Ming China: An Introduction." *Nan Nu* 9:1 （2007）: 2～33.

19. Kimmel, Michael S. and Messner, Michael A. *Men's Lives*, Beijing: Peking University Press, 2005.

20. Levine, Laura. *Men in Women's Clothing: Anti-theatricality and Feminization 1579～1642*, London; New York: Routledge, 1996.

21. Li, Siu Leung. *Cross-Dressing in Chinese Opera*, Hong Kong: Hong Kong University Press, 2003.

22. Lin, Wei-Hung. "Chastity in Chinese Eyes: Na Nu Yu Pieh." 《漢學研究》，9：2（1991），頁 13～40。

23. Louie, Kam. *Theorizing Chinese Masculinity: Society and Gender in China*, Cambridge: Cambridge University Press, 2002.

24. Mann, Susan. *Precious Records: Women in China's Long eighteenth-century*, Stanford: Stanford University Press, 1997.

25. McMahon, Keith. "Sublime Love and the Ethics of Equality in a Homoerotic Novel of the Nineteenth Century: *Precious Mirror of Boy Actresses*." *Nan Nu* 4:1（2002）: 70～109.

26. Mills, Jane. *Women words: A Dictionary of Words about Women*, New York: Free Press, 1989.

27. Mulvey, Laura. "Visual pleasure and narrative cinema." *Screen*, 16:3（1975）: 6～18.

28. Sommer, Matthew H. "Dangerous Males, Vulnerable Males, and polluted Males: The

29. Regulation of Masculinity in Qing Dynasty Law." in *Chinese Femininities Chinese Masculinities: a Reader*, edited by Susan Brownell and Jeffrey N Wasserstrom, 67～88. Berkeley: University of California Press, 2002.

30. Song, Geng. *the Fragile Scholar: Power and Masculinity in Chinese Culture*, Hongkong: Hongkong University Press, 2004.

31. Starr, Chloe. "Shifting Boundaries: Gender in Pinhua Baojian." *Nan Nu* 1:2 （1999）: 268～302.

32. Vitiello, Giovanni. "Exemplary Sodomites: Chivalry and Love in Late Ming Culture." *Nan Nü* 2:2（2000）: 207～257.

33. Volpp, Sophie. "The Male Queen: Boy Actors and Literati Libertines." Ph.D. Diss., Harvard University, 1995.

34. Volpp, Sophie. "Gender, Power and Spectacle in Late Imperial Chinese Theater." in *Gender Reversals and Gender Cultures: Anthropological and Historical Perspectives*, edited by Sabrina Petra Ramer, 138～147. London and New York: Routledge, 1996.

35. Wu, Cuncun. "Beautiful Boys made up as Beautiful Girls: Anti-masculine Taste in Qing China." in *Asian masculinity: the Meaning and Practice of Manhood in China and Japan*, edited by Kam Louie and Morris Low, 19～40. London and New York: RoutledgeCurzon, 2003.

36. Wu, Cuncun. *Homoerotic Sensibilities in Late Imperial China*, London and New York: RoutledgeCurzon, 2004.

37. Zhou, Zuyan. *Androgyny in Late Ming and Early Qing Literature*, Honolulu: University of Hawaii Press, 2003.

（三）日　文

1. 合山究，《明清時代の女性と文学》，東京：汲古書院，2006。

2. 林香奈，〈賢ならざる婦とは――女訓書にみる家と女〉，收入関西中國女性史研究会編，《ジェンダ――がらめた中國の家と女》，東京：東方書店，2004 年，頁 87～106。

附錄：花譜收錄演員特質描寫列表

　　列表說明：本列表收錄本論文運用的各部花譜中，對於演員各類型特質的描寫。

1、在潘麗珠《清代中期燕都梨園史料評藝三論研究》〔註1〕以及王照璵〈清代中後期北京「品優」文化研究〉〔註2〕中，均有花譜中收錄演員資料的列表，其中包括演員的籍貫、劇團、堂號、行當、演出劇種、劇目等，本列表以對於演員本身的質性描寫資料為主，盡量不與該二列表重複。其中僅有基本資料而無描寫的演員，例如《片羽集》、《法嬰秘笈》中記載的演員，以及其他花譜中缺少質性描寫的演員即未收入。

2、欄位分為演員名號、年齡及相關描寫、整體外貌描寫、身材四肢、臉與皮膚、眉目、性情氣質、德性才藝、特定女性和花的比擬、收錄頁數等十個欄位，有些對演員的描寫同時具有不同欄位的特性，即選擇最相關的欄位收錄。在同欄的描寫中，如為連續的描寫句子，以標點符號分開，如果是分開的兩段描寫，則換行記錄以作為區別。

3、收錄頁數所指為北京戲劇出版社版的《清代燕都梨園史料》中的頁數。

〔註1〕潘麗珠《清代中期燕都梨園史料評藝三論研究》，頁30-59。
〔註2〕王照璵〈清代中後期北京「品優」文化研究〉，頁305-472。

《燕蘭小譜》收錄演員

演員名號	年齡相關	整體外貌描寫	身材、四肢	臉、皮膚	眉目唇齒	性情氣質	德性才藝	特定女性、花的比擬	收錄頁數
陳銀官，字溪碧		明豔韶美	短小精敏			機趣如魚戲水，觸處生波。儇巧似猱昇木，靈幻莫測。			17～18
王桂官，名桂山，即湘雲					黃波流睇，柔媚動人		矯矯自愛，屢欲脫屣塵俗		18
劉二官，名玉，字芸閣			長身玉立	膚如凝脂		逸致翩翩性頗驕蹇，與豪客時有抵悟			18～19
劉鳳官，名德輝，字桐花					關目稍疏	豐姿秀朗，意態纏綿			19
鄭三官，名載興，字蘭生						淫冶妖嬈		如壯妓迎歡	20
彭萬官，字慶蓮					大目濃眉		工琴		20
張蓮官	年逾弱冠		柳腰	蓮臉		秀雅出群	不趨時好作妖媚之狀	吳下女郎	21
戈蕙官，字晚翠		姿態明豔				鮮有韻致	徒事妖冶以趨時好		21
陳金官，字麗仙						綽有憨趣，豐致可人		貼梗海棠	21
高明官，字素亭		豐致娉婷，無正豔之態	小身弱骨					小家女子	22
于三元，字湘竹						巧笑蠻聲，工于嫵媚		鄉里姑娘	22
王五兒，名聯官	年未弱冠	秀色可餐視之更覺嫵媚	細肩	瘦靨		舉止落落	無浮浪惡習		22～23
張六兒，名全官				視下而瘟，面如削瓜					23
蘇喜兒	年甫弱冠		身材五尺以長	面白而妍，兩輔微尖，雙顴略起					23

閻福兒			身材亦與雁行		目秀多姿	活潑機趣			23
王昇官			小身		妙齒	容儀修潔			23～24
蔣四兒				方面，頰有微麻	秀眉	柔媚嫣然		葡兜羅	24
賈四兒		穠郁鮮媚	身材綽約		秀目			菓李	24
白二		天然秀				春光爛熳			25
于永亭，俗號耗子	弱齡	嬌好		豐肌露齶		嫻雅多姿		曹大家	26
平泰兒			小身	面有微麻、白皙	目冉冉如欲語，撩人正在阿瞀中	風致灑落，如燕趙佳人，不乏俊爽		燕趙佳人	26
楊四兒，名佳桂	過季隃請待之年			臉際生春	眉間帶媚				26
楊五兒						姿態村樸		婢學夫人	27
孟九兒	妙齡	韶美可人	頎長	白皙		風韻老成			27
薛四兒						風姿婉孌	于兒女傳情之處，頗事醞藉	芙蕖	27
黑兒					色目				27～28
三壽官		奇葩逸麗						娟娟如十七八女郎	28
張蘭官						柔情綽態如弱柳當春，臨風自賞。			28
史章官		貌僅中平	弱骨多嬌					柳態三眠	28
張榮官				面如鵝卵	嫌目分大小	膩質柔姿			28
陳美官				白面俏麻		風致楚楚			28
永福兒				顴高	眉宇爽朗	清雅不凡			29
滿囤兒，名中官				面目頗有回派		精悍可喜			29
常永春，字煦載，一字妙蓮						丰神秀雅，無媚容，無俗態	曾習舉業	有翩翩佳公子之風	29
羅榮官	年未弱冠			何粉潘姿，不假修飾					30
施興兒	總角之年	明豔妖嬈				頗饒風趣			30

張喜兒	15				目如秋水	玉質翩翩			30
楊寶兒	15			素醫嬌憨		有柔媚昵人之態			30
王慶官,字薦庭	年始成童				眉目軒爽	浪蕩妖淫似憨而點			30～31
謝玉林			身材纖小	姿首清妍				南國佳人風致	31
曹桂官,字文達				瘦頑隆顬		清姿而質機趣活潑		閨閣之秀	31
姚六兒		姿僅中平				丰度猶堪		燕趙佳人	31～32
馬九兒	已逾房老					丰姿秀媚,態度停勻		妙齒女郎	32
魏三,名長生,字婉卿	年屆房老								32
吳大保,字秀卿		姿容明秀				靜中帶媚			34
四喜官,字瑤卿				雪膚蘭質		韻致幽閒	涉妖妍而無惡習	栀子含香	34～35
張柯亭,名玉,初字珂亭		神清骨秀						帶雨梨花	35
周曲官,字玉奇	年始弱冠	素質豔光,略無妖冶							35～36
姚蘭官		纖腰仄步,細頸寒肩						開遠有閨閣風	36
錫齡官		雅豔不浮	小身玉質					秋晚芙蓉	36
雙喜官	弱冠後	姿首嬌妍	頎長堪憎						36～37
嚴秀林,字芝田	妙齡	娟秀		白皙嬌妍				蘭	37
得發兒,字定珠				靡容膩理		雅態柔情			37
顧俊德		靚妝秀質						如商婦琵琶	37
桂林官						玉貌翩躚,溫文閒雅	喜書史,能舉業畫蘭		37～38
小周四官	年僅成童			惜面方不媚		伶俐活潑,無非天趣			38
李琴官				面瘦而腴	目妍而瞬			雖非謝氏閨英,亦屬鄭家文婢	38

演員名號								收錄頁數
孫秀林					飛神俊朗，眉字軒豁，無柔媚可憐之色			39
王翠官，諢號水蜜桃				水團面	笑容可掬，人見之未有不歡悅者			39
韓學禮		樸質無姿			不事豔冶			39
李秀官			腰未裊而多姿	鮮膚秀色	眼不波而自媚	文弱堪憐		40
金桂官，字縵亭			清姿廋骨	膩理柔容				如俟城隅之靜女，無桑間態，亦乏林下風	40
張發官				面如瓜瓠		弱不勝嬌，雅韻閒情。	解文墨	有謝夫人林下風口致	40
李桂官，字秀章							勇于為義者	42
馮三兒			頎長突弁					43
張蕙蘭		色美						43
八達子		貌不甚妍				聲容態度恬雅安詳		44

《日下看花記》收錄演員

演員名號	年齡相關	整體外貌描寫	身材、四肢	臉、皮膚	眉目唇齒	性情氣質	德性才藝	特定女性、花的比擬	收錄頁數
慶瑞，字朗玉	21	嬌姿貴彩，明豔無雙	腰支約素			態度安詳，每於淡處生妍			57
王桂林，字琬香	17			媚臉潮紅	修眉橫翠	清言屑玉，雅步生姿，自有一種華貴氣		海棠、素娥	58～59
陳桂林，字仙圃	18	嬌靨鮮妍			顧盼玲瓏	風情柔韻，灑落不群，天性爽朗，無傲狠氣，亦無脂粉氣，天然嫵媚	圍棋		59
魯龍官，字雲卿	20							帷欄白玉花	60

陳二林，字意卿	18			貌如玉瑩，膚若脂凝			60～61
劉彩林，字琴浦	19	雲姿月態	掌上身輕，柳枝裊娜	蟬首蛾眉	人頗文靜，自持大雅賞之		61
吳福壽，字春祉	16	姿容明媚	骨肉停勻		衣圭柔雅，辭色恬和		62
產百福	17	姿容俊俏			生性玲瓏		62
王翠林，名錦泉，字秀峰	20	姿容明秀			丰神俊逸，不事修飾，天然嫵媚，無論健服華裝，皆瀟灑自如，有絕類超群之概。	善墨蘭	64
陳桂林，字小山	19	姿色未臻艷麗			柔媚之趣深含性情溫婉，舉止安閑		65～66
江金官，字毓秀	20				自謹持，無佻達輕儇之習	有女子態	66
姚翠官，字靜芳	24					工墨蘭	67
蒿玉林，字可㳽	18				豐神雅淡冷艷結契騷人	芙蓉	68
駱九林，字琴仙	16			眉目明秀	靜穆自持		69
彭桂枝	20	姿容清麗					69
汪貴笙。字仙林	19	雖豔粧而無脂粉氣	神清秀骨	清揚在眉目之間		謝夫人林下風	70
朱福壽	19		或有嫌其胸挺			宛然小家婦女	70
陶雙全，字柳谿	20				神情清妙，風致翩翩		71
陸增福，字壽昌	16				姿神秀徹，情韻幽閑。應對如流，敏慧無匹。每吐一語後，燦然啟齒一笑	閨中儀範，林下風情，令人不可褻視	71～72
蔣金官，字筠谷	22		形佳骨嫻		情柔意淑		72

姓名	年齡						頁碼
王三林	16	姿則豔而不靡				質則婉而有情	73
張雙林，字竹馨	19	姿容豐冶			明眸善睞	機趣溫和，繡口工談	73～74
韓吉祥	17					弱不勝衣，柔於眠柳	頗類吳兒	74
李福林，字蘭軒	22	姿容芳軟				生性柔馴	善畫蘭	秋海棠	75
劉鳳林	20						75～76
朱寶林，字香雲	16	姿色非上口選				靜默寡言	76
顧長松，字介石	26					自露其風骨，眉飛色舞	77
蔡三寶，字蓮芳	28	姿容婍嬔，雖遜當年	體態溫柔，依然如舊				78
沈四官，字雲藍	30．忘卻秋娘已老矣				嬌瞋美盼	秋柳豐神，瀟疏多致。	78～79
王文林，字錦屏	25					豐神瀟灑，氣韻淡逸	79
李雙喜，字蘭亭	28	色不華而清妍自口致			眼不波而秀媚自含	端重寡言，抑然自下	絕無輕浮氣習，獨立亭亭，出污泥而不染	蓮花	80
陳桂官，名太小，字六兒	27．年逾韶齒	姿容明靚	腰約鮮卑				80
蘇小三，字文廣	33		身材瘦削		眼波明秀，猶自冉冉動人	風致瀟疏，自饒雅韻	81
薛萬林	24		廋而無華姿			豐神自覺秀韻	和靖梅妻	81
顧元寶	15			面闊	目長	多歡容憨趣每遇芳筵入坐，見其偶吐一語，必作妍笑以出之。	82
韓四喜	18	色亦郁李爭春	體則嫩篁挺節				82
陳榮官，字榮珍	24					淫逸之戲脫俗，別饒妍媚	精圍棋	無桑濮天斜之態，有閨貞靜之儀。	83

何聲明	30	貌不甚揚			衣帽樸素無華，安分自守，泊如也		83
葛玉林，字溫如	24	色亦中等	體幹豐肥		頗饒柔媚姿致，措辭亦善體人意，毫無粗俗氣，可與雅遊	忘乎其為假婦人	84
楊雙官，名天福	19		臉圍瓜子	眉彎蛾兒			84
馮慶元	28	頗韶美					84～85
孫金官	19	色紫棠			樸訥而不工妍媚	大家舉止	85
張慶福	17				資態松秀		85
錢長生	16			眼橫秋水，眉掃春山		如籬落疏花	86
楊享齡，字玉卿	20	姿容光潤			性情恬適		86
吳秀林	16	身材姿色，柔軟相稱			性情亦恬靜必能貼妥如人意也		86～87
李桂林	18	豐貌素姿			溫其如玉，秉性靜穆，胸無畦畛		87
產太林，字雨香	17	貌不甚佳					87～88
王元林	17				性情溫和，齒牙伶俐，衷言傾耳，軟語勾心		88
戴慶林	17		腰枝豐約得宜，身材修短合度				88
馬福兒，名鳳	23	姿容清秀			英姿颯爽，絕不類弁而釵者	芙蓉	89
張壽林，字潤霞	14	姿容豐豔				貼梗海棠	90
楊金寶	14		面如懸匏，淺白滲紅	眉彎春柳，目剪秋波	聰慧過人，善於辭令		91
朱元寶	14				自然性靈別饒風韵		91

錢麒麟	12	清資秀質				卸妝豪無粉黛氣，秀慧可人	蓮花	92
錢元寶	12		體幹玉立	姿膚亦瑩潔	眉目疏秀	不同浮豔		92
蔣天祿，字佩蘭	13					清妍有風致。具此情韻，亦是可人		92
史秀林	13					慧口靈心，頗請肆應。	映月梨花	93
錢財林	13	姿容亦清麗			目秀而無浮光	沉潛質地性情溫靜		93
章喜林	13					神情秀整，齒穉而不挑		94
朱天壽，字鳳青	13					生性靈敏，滔滔善辯，眞如生龍活虎，不可捕捉。		94
添齡	13			姿貌白晳		天趣可人		95
巧齡	13	非凡豔可比	瘦骨嶙嶙	面白而無華色	其秀在目			95
張寶官	18	姿首豐華				毫無俗韻	薝蔔兜羅	95～96
黃葵官	23	豐姿豔質			一雙眸子更覺顧盼多情	於謔浪中自饒風韻		96
詹雙慶	19		瘦骨棱棱		蛾眉淡掃			97
陳三官	19					美秀而文	有林下風	98
徐鳳官	23	豐姿豔質			明眸善睞，眉翠清揚，貝齒櫻脣		一朵穩重玉樓春	98
曹升官	29					姿貌爽朗		99
李七官	25					灑落中自饒俊爽	燕趙佳人	99
丁銀官	19					流媚中符合得一「村」字。		100
朱大翠，字素屏	29					神情靜穆，體態溫和	喜與翰墨為緣	100
程春林，字杏村	29	玉蕊瓊資	體貌豐腴		橫波流媚，一笑嫣然			101

孔天喜,字柳依	14				風姿娟秀,辭令清妍,時作飛鳥依人之態。			101
楊鳳翔	26	傅粉施朱,依然韶美		慧目濃眉	自饒靈秀氣			102
于三元,字湘竹	40	姿容亦嬌好如故			舉止辭令依然村野			102
高月官,字朗亭	30		體幹豐厚	顏老蒼			忘其為假婦人	103
李七十兒,名聯瑞	13			稺齒清姿	或謂其媚而不妖,慧而不黠			105
劉福兒	21				纖柔靜細;頗俊爽而不浮			106

《聽春新詠》收錄演員

演員名號	年齡相關	整體外貌描寫	身材、四肢	臉、皮膚	眉目唇齒	性情氣質	德性才藝	特定女性、花的比擬	收錄頁數
小慶齡,字仿雲,又字小倩	18	色秀貌妍		霏霏白雪,勻來兩頰之春	點點青螺,堆作雙蛾之黛				160
郝桂寶,字秋卿,又字叢香	18	芳姿獨絕	秀骨天成		丹唇外朗,皓齒內鮮		學畫墨蘭	管夫人	161
李添壽,字菊如	17	豔比瓊霜				一種雅靜之氣,令人挹之不絕。性情柔媚,談吐溫文		吉光之羽,優曇之花	163
陸玉蘭,字蕊仙,又字畹卿	16	天生麗質,花姎芳姿	舞腰則弱弟三眠	豔雪凝膚	蛾樣雙彎,欲奪遙山之翠				163～164
楊長青,字嘯雲	18		纖腰一捻,柳影搖風		笑眼雙挑,珠光剪水	靜中帶媚,淡處含情,其韻在神,其秀在骨			164
張蟾桂,字香楞	18	貌美如玉						氣靜如蘭	167
金萬喜,字棣香	13	貌亦姣好							167

范添喜，字如蘭	17			嬌生靨輔	皓齒呈妍	逸趣風生，豔情花發		167～168
張小彩林，字小露	14	豔奪無瑕之璧	腰肢輕軟		一樹夭桃，兩泓秋水			趙飛燕 170
章玉美，字韻仙	13	豔可勝花	豐宜膩月	紅暈春生。玉肌香煖	後眼雙飛，金波散彩			172
張連喜，字芰香	15					姿態端妍，丰神諧暢	於閨房秀質中具林下風致。	173
滕小翠林，字蘭茗	18			肌理白皙		性格溫柔，晉接傾談，無分寒燠。		173～174
鄭三寶，字韻生	16		濃纖合度			亦雅亦莊，挹其丰采	如於紅糅綠中忽賭牡丹一朵	174
許茂林，字竹香	15	姿容姣秀	瘦不嫌寒，柔非無骨					175
黃慶元，字梨雲	17		柔肌弱骨		明眸皓齒	抑揚宛轉，細膩風光		ˋ76
宗全喜，字芷青	15			臉暈海棠		調笑詼諧，備極風雅		176～177
謝添慶，字雲仙	17					丰神妍媚，玉貌婉孌	芙蓉、閨秀	177
夏雙喜，字清魂，又字韻楚	14	丰容妍麗	體態娉婷			看弱質之臨風，愛柔情之如水		178
張添福，字香玉	15		楊枝柳態		翠羽眉痕		一樹梨花	179
許雙保，字蓮生，又字月卿	15	清姿濯濯	秀骨珊珊，環肥與燕瘦平分，濃纖合度	環垂左耳，徐妃半面之妝	秋山共春山並秀，眉目含情			181
金慶兒，名元慶，字菊人	15		裁瓊作骨	琢玉成肌	秋水為眸，有波皆活			182
趙翠林，又名小五，字玉琴	18	姿容娟麗	體態娉婷	一笑嫣然，瓠犀增媚	黛眉輕蹙遠山微	杯酒傾談，和風扇座，雖號呶豪客，亦默化潛移	以詠李夫人者移之	183
張小四喜，字可仙，又字鏡芙	15	豐肌綿約，玉質玲瓏。		紅暈生春			豔若半開芍藥；銀蟾散彩，皎同一樹梨花	184

王福壽，字佩珊，又字藕雲	15		秀骨豐肌	暈活渦流雪膚花貌	眉痕眼色			185
常秀官，字鈿香	15				清如纖月		皎若梨花	186
居雙鳳，字星環	17		腰肢嬝娜	雪膚玉骨者	眉目之秀近於甲寅	氣格清腴。藹若春雲，皎如秋月		186
李小喜，字香葉	20				眉目清妍	豐神溫雅		187
吳采林，字漪蓮	24				眉寫月，媚眼涵秋		霏珠露於璃墀，種蘭宜瘦，護瓊蕤於晶箔，映玉皆清	187
張德林，字沁香	12					氣靜神恬		188
周三元，字沉香	13	豔麗						189
周甲寅，字媚春	17	華容婀娜，令我忘餐			纖眉凝蛾綠，映善睞之明眸			189～190
蔣金官，字雲谷		驚豔				凝香似菊，吹氣如蘭	菊、蘭	193
陶雙全，字柳溪，又字柳莊	踰季隗侍我之年	姿容芳潔						194
章喜林，字杏仙	21			玉質冰肌	秀眉俊目		不染輕佻	綽有大家風致	195
王文林，字錦屏		逍遙容與之姿						195
吳蓮官，字香芸，又字廣平	20			面似明蟾，膚如冠玉	犀瓠犀而增媚，依風管而諧聲	性喜畫蘭，間作小詩		196
顧長松，字介石			身材纖小					197
陸真馥，字糧仙，一字怡香	23				性格溫和，言詞爽雅，頗有俠氣	不工媚人之態		198～199
王添喜，字倚雲			豐腰	月面	細眉俊目			201
張才林，字琴舫					姿態溫柔。飲量甚洪，每遇歌筵，謔浪詼諧，憨情可掬	絕少炎涼智態		202

鄭三元			小身玉質			風致嫣然			202
陳二林，字意卿					雙瞳剪水，一笑生春				203～204
羅霞林，字眉生						嬌憨習態，謔浪成風			203
蔣天祿，字顯蘭		秀絕人寰				秀媚之態，尚存於眉目之間			204
王桂林，字沉香				肌膚似雪		態度如雲			204
姚翠官						動合自然，絕無顧盼自矜習氣			204
韓四喜，字韻笠			體態苗條	肌膚瑩潔				村婦	205
戴飛來鳳	24			玉肌瑩潔	螺黛清疏，秋波一轉				205
何玩月，字月卿	19	姿容豔麗				秀媚之中饒有英氣			206

《鶯花小譜》收錄演員

演員名號	年齡相關	整體外貌描寫	身材、四肢	臉、皮膚	眉目唇齒	性情氣質	德性才藝	特定女性、花的比擬	收錄頁數
袁雙桂，號韻蘭，又號月香		文豔	體格冠群芳						219
李發寶，號雨香，又號畹卿		婉豔		龐兒整		亦莊嚴，亦雅馴。性兒溫克。			219
徐天然，號清蓉，又號蕙舫		柔豔			蛾彎翠低、螺堆綠齊				219
袁雙鳳，號竹香，又號蕊仙		豐豔				擅嬌嬈		小喬	219～220
胡發慶，號雲卿，又號湘雲		穠豔		臉舒霞	眉黛浮				220
李喜貴，號芸舫，又號雲卿		嬌豔			妖冶舞天魔				220
程天秀，號		妍豔			孫孃齔	春雲意緒春			220

演員名號				臉、皮膚					收錄頁數
蘭香，又號仿雲					齒櫻唇淺	風面			
楊發林，號蕙卿，又號韻香		稚豔	小玉弌玲瓏					琵琶	220
王四喜，號蘆農，又號荔香		酣豔	小苗條		天付眼眉腰	憨多韻饒，慵多態嬌，宜嗔宜喜風光好。		海棠	220
瞿桂林，號枝香，又號小山		纖豔		淡妝濃抹都宜稱					221
項天祿，號芝仙，又號芳卿		芳豔				英姿足夸，豪情更佳，高談雄辯傾三雅。		蓮花	221
胡紅喜，號晴霞		浮豔			明眸皓齒	甘言轉圓，靈機轉關。			221
葉秀芝，號冷香		冶豔		細野裊輕軀		慧心點性蠶絲吐			221

《金臺殘淚記》收錄演員

演員名號	年齡相關	整體外貌描寫	身材、四肢	臉、皮膚	眉目唇齒	性情氣質	德性才藝	特定女性、花的比擬	收錄頁數
楊法齡，字韻香		色傾一時				善清言，不喜飲酒，或遇客，終日不交一言，亦無所忤		如文士	228、238
徐桂林，字聽香		負絕代之姿				善應對。		進止容儀，如佳公子	229
吳金鳳，字桐仙						風懷不群，綺姿秀出	能為摘詩、換字、射覆諸戲，尤喜畫蘭竹		229～230
王德喜，字蓉生							頗識字		229
丁春喜，字梅卿						其態常如倦睡，語言呢呢		少女	230
張全保，字蓉初	22	豔聞天下							230
張雙全，字問梅						悵惘睇盼，逶遲進退，抑當世幽憂擯斥之士		莊姜	230～231

陳長春，字紉香		色豔動一時						狀元夫人	231
張青蒴，字蓮仙	14	容甚麗							231～232
吳蕙蘭，字碧湘	死年18	幼無殊色				開聲合伎，情態獨絕			232
孟長喜，字蕙香						豪宕放誕，好飲酒，醉後或漫罵			234
馮紅喜，字藝仙						放誕頗類長喜，賈人尤愛之			234
王小慶，字情雲		絕豔飆馳						西施	234～236
席秀林，字麗香		以美聞							236

《辛壬癸甲錄》收錄演員

演員名號	年齡相關	整體外貌描寫	身材、四肢	臉、皮膚	眉目唇齒	性情氣質	德性才藝	特定女性、花的比擬	收錄頁數
楊法齡，字薰卿						言論風采，如太阿出匣，色正芒寒，令人不可逼視，覺扶風豪士在人目前，一洗金粉香澤習氣。	出淤泥而不染	蓮	284
宋全寶，字碧雲						翛然出塵之致。	安次香詩書弟子		286～287
雙桂，字韻蘭，畫蘭款署「袁煊」							筆墨涓秀		287～288
吳金鳳，更名今鳳，字侗仙						聰穎特達，文而又儒			291～292
王常桂，字蕊仙		美而豔						牡丹；王昭君。	292～293
莊福寶，字春山		色藝不過中人				生平對客，不為危言激論，而對之者未嘗不意也消，談言微中，可以解紛			293～294

張雙慶，字蓮舫	13					聰穎異常兒	衡文		294～295
慶齡	年過不惑	韶顏態，猶似惋孌						能彈琵琶	298～299
大五福，字疇先	以色藝傾倒都人士					溫潤如陳玉琴，瀟灑如楊法齡	其行義高如魯仲連		299～300

《長安看花記》收錄演員

演員名號	年齡相關	整體外貌描寫	身材、四肢	臉、皮膚	眉目唇齒	性情氣質	德性才藝	特定女性、花的比擬	收錄頁數
范秀蘭，字小桐		美豔綽約				品格過之，風儀修整，局度開維。		牡丹花、蘅蕪君	304～305
俞鴻翠，字小霞，初名綺文，更名雯						行動舉止，都無俗韻。	畫蘭	標格如水仙一朵	306～307
陳鳳翎，字鸞仙					雙瞳湛湛如秋水	飲量不宏，而意態甚豪	畫著色蘭蕙	玫瑰花	307～308
潘玉香，字冠卿		豔如桃李	舉體皆媚，睥若無骨						309～310
錢雙壽，字眉仙						神情態度，幽閒典雅		邢岫煙	310
丁春喜，字梅卿						安詳靜穆，對之令人躁釋矜平			310
陳玉琴，字小雲					眉目肌理，意態言笑，無一不媚	安雅柔逸，溫潤續密，有時神明喚發，光照四座	比德於玉，無愧璧人	碧桃花；寶琴	312
桂香，字妙雲						舉止殊有大方家數，亦好從文士遊			312
翠霞，字青友，後更字闈桐		足當麗人之目		允理細膩，古人所稱柔黃凝脂		性尤警敏，殆真能以目聽，以眉語。	能作小幅著色蘭蕙	秋海棠	313～314
小蘭，字韻秋		明秀無匹						芙蓉	314

福齡，字綺人				娟娟少好，顧影徘徊，嫣然媚絕，而無姚冶之態		隔水桃花 315
巧齡，字秋仙		明秀豔冶				315～316
翠翎，字雨初				風骨未騫，而宛轉如意。		近之如山茶花，穠而不俗。大家兒女固應爾爾 316
玉笙，字芝香	30	色藝不少衰				316～317
德林，字琯霞			長身玉立	以慧見妙		雖無晴雯之豔，而性格近之 317
聯桂，字小蟾	15			意量自遠，性伉爽，笑語甚豪，每以伶俠自處，所不當意者，往往如灌夫罵座，冷若冰雪		如小人家兒女 318～319
蘭香，字紉仙				濯濯如春月柳，風流自賞	拈毫弄翰，恰然自得	獨有林下風 319
素香				有敦厚之質，少活潑之趣。		319
三元，字藕香		面目媚秀				319～320
小天喜，字雨香			肌理娟好	意態婉帖，目之曰媚、曰膩，庶幾有一體焉		320
玉蓮，字午香				溫文爾雅，藹然可觀。		321
連喜，字梅香				其變為男子裝，則局度安詳，詞旨婉約，無囂陵習氣		321
大玉林，字瑤卿			豐容多肌	其人固是誠實無偽，可命之曰「愷」		321

演員名號	年齡相關	整體外貌描寫	身材、四肢	臉、皮膚	眉目唇齒	性情氣質	德性才藝	特定女性、花的比擬	收錄頁數
王小天喜，字秋芙						健談，能飲，對壺杓意氣豪邁。			322
翠林，字韻琴	15	姿致韶秀			眉目楚楚如畫	言詞舉止，並皆安詳，雅無市井倚門賣笑習氣			324～325

《丁年玉筍志》收錄演員

演員名號	年齡相關	整體外貌描寫	身材、四肢	臉、皮膚	眉目唇齒	性情氣質	德性才藝	特定女性、花的比擬	收錄頁數
殷秀芸，字竹君，小名金寶						俊爽超脫，余一見許為雋品。		綠牡丹、綠萼梅	330～332
陸翠香，字玉仙		吳兒之極媚者也。			目有曼光，雙瞳翦水	玉仙近日有少爺之號，亦謂其任性自恣也。		如春煙籠芍藥，秋水浸芙蓉	332～333
金麟，字綺人						既出名門，意態皆能不失大家風範，綽約穠郁，自然可親	.	南州香草、黃梅花	333～334
小天喜，字聽香						其神情極似冠卿幼年時，特風姿微不及耳，舉動吐屬直截了當，又似小蟾，而雅馴過之。			335～336
福齡，字春波				桃花䩄面，光豔照人	春波之眉，鸎仙之目，使合為一人，當其秋波一轉，能令天下鐵石肝腸人一齊心蕩。	格局秀整，神采煥發溫克沈默，不苟言笑，其意穆然以週，不屑屑求人憐。		素馨花，皓皓如雪，皎皎如冰。鍾夫人自是閨房之秀，斯之謂矣性情極似香榭中惜春。	335～336
愛齡，字小香						面對人宛轉如意，無介冑容，亦無脂粉	守身如玉	瀟湘館中紫鵑也。	336～37

					態，大抵柔媚是吳兒本色，小香則別饒清致。		
胡小秀蘭，初字韞香，更名香吏					有鶯仙之修整而不劌，有冠卿之秀澈而不冰，清而和，朗而厚，置之瑤林琪樹中，風骨端凝，意態俊爽。	近學弄筆，作小楷，畫蘭蕙	姿致如牽牛花，牆角籬根，娟娟一朵，點綴秋光
338～339
秀蓮，字花君					最慧，意態爽闓，言笑舉止並皆灑沿，無委瑣氣。			339
楊鴻玉	色藝亦止中人					自署所居室曰「雲仍書屋」	以紅樓夢梨香院女樂中齡官擬口之。	341
劉素玉，字韞仙					器局秀整雖少爽致，而時露勁氣，不甚似吳兒柔媚體段，而又無扶風豪士雄邁氣概。		丁香花	342
素蘭，琴仙							以視金雀、兔絲，托根得地，一朵嫣然	342
文蘭，字畹香。					風神爽朗，談吐清勝，眉目間亦時露英氣。	能彈琵琶		342～343
蓮桂，字蓮卿					偶儻自喜，不拘拘規翔矩步，而風致翩翩，自覺動人。			343

《疊波》收錄演員

演員名號	年齡相關	整體外貌描寫	身材、四肢	臉、皮膚	眉目唇齒	性情氣質	德性才藝	特定女性、花的比擬	收錄頁數
朱福壽，名延祠，字蓮芬	18					神氣清朗，吐屬雋永怡然相對，竟席微笑，間與戲謔，究無一毫自矜氣。	讀唐賢小詩，尤善行楷		394
沈小添喜，名延楨，字懷壽，號燕仙	18	嫵媚飄逸，翛然塵表				清俊微遜蓮芬，而靈慧殊過之	性孝，工手談，間作小詩		395～396
周翠琴，字穉雲	16					風流自賞，固不肯甘落後塵也。			397
湯金蘭，字幼珊	15					靜婉有度。酒闌人倦時，憨態橫生，嬌羞微露			397
杜玉慶，名塋榮，字蝶雲	14		骨秀神清			穆然意一顰一笑，不肯委曲人。往往綺筵雜遝，酒驟花馳，而蝶雲酬對從容，群囂頓息。			398
蕭小蘭，字者香	16			兩頰紅暈	雙瞳秋水，眉宇間饒俊爽氣				399～400
翠玉，字黛仙	14						六七歲時讀毛詩。		400
張桂玉，字蟾仙，一字穉蘭	15					閑適脩潔，對之令人神爽。	寡言笑，慎舉止。		400～401
金巧福，字畹香	15					婉變閒默，無城闕桃達之習	善吹簫笛，兼工琵琶		401

《眾香國》收錄演員

演員名號	年齡相關	整體外貌描寫	身材、四肢	臉、皮膚	眉目唇齒	性情氣質	德性才藝	特定女性、花的比擬	收錄頁數
魯壽林，字意蘭		姿首明慧		幾於施朱太赤，著粉太白。					1019
吳壽林			骨格之雋		眉目之清				1020
孫三喜，字影憐		色鮮麗美而豔						出水芙蓉，天然可愛	1020
章喜林，字杏仙						丰姿挺秀，若不肯脂韋隨俗者　性緘默，寡言笑。		姣好女郎	1020
陸三林，字茜香		豐而逸，豔而明。							1020
謝天慶，字蘭楷					眉宇彎環，變婉可喜				1020～21
汪雙喜，字桂芬		素質豔姿，生成富麗		不施脂粉，而光彩照映					1021
張才林，字琴舫			其體裁長大	面暈潮紅	眉橫黛綠	氣宇軒昂			1021
查雙壽，字合浦						蓋風韻猶存，觀者勿遽謂徐娘老去也			1021
陸雙全，字韻初						凌波小立，迥出塵表豪於飲，每當酒酣耳熟時，旖旎更甚			1022
劉二元，字青如			體態珠圓			氣味則蘭芷同芬，品格則壓璋比潤			1022
袁福壽，字蘆香						機神靈敏，如玉盤珠落，個個皆圓		蘭生空谷	1022
王天喜，字倚雲			媚骨柔肌						1022
朱麒麟，字素春						嘗偕飲，嫣然媚態，尤覺怡人。			1022

蔣天祿，字韻蘭					其韻清，其態媚，其性情亦極溫雅		1023
田祥林，字華玉					舉止風韻，柔媚天成，從無疾言遽色	蓋假然閨閣中人口云	1023
管慶林，字香岑				流眉送眼，最易撩人	飛神綽約，妖冶絕倫，是媚而蕩者		1023
魯龍官，字雲卿					丰神外露		1023
吳福壽，字春祉					性聰敏	閨閣名媛宦家使女	1024
唐吉祥，字瑞憐			腰肢瘦削	眉宇間饒有媚氣			1024
馬雙全，字秀峰			體質輕盈	雙蛾畫			1024
晶雙林，字卿雲			體裁峭拔	朗目修眉	剛健含婀娜	深閨靜女	1024
郝春林，字啓秀					春風和氣，平易近人，善應接，招之侑酒，座客無不盡歡者。		1024
鄭三元，字第仙			骨細肌柔		溫和之氣襲人眉宇，登場則含羞嬌怯，顧影自憐。以嬈媚制勝		1024～1025
張蟾桂，字香輪					溫其如玉	吹玉笛，按板，曼聲度曲。 貌似處子	1025
劉慶瑞，字朗玉			秀骨亭亭			勢利浮圖之習，一舉而空之	1025～1026
潘五福，字筠卿					意致冷落，乍見或疑其不情。洎相與接洽，乃知幽懷獨抱，深於情者也。	有孝德	1026
王桂林，字浣香		貌不異人			蓋遠而望之，似有不可狎者，近即之，則吹氣		1026

				如蘭，芬芳可襲也。		
福寶，字擬玉				安詳熨貼，無矜躁之氣，有溫厚之風，促膝論心，魚魚雅雅，頗類儒者氣象		1026
周大翠，字黛雲				淳而且憨，與人相處，渾渾然如不甚款洽。寧靜無躁，寧樸無華		1026
吳天林，字蔚藍				性寡合，疏於應接，見人常幽怨盈懷。		1026～27
陶雙全，字柳溪		體裁窈窕		婉而多風	頗具俠腸	1027
范天福，字玉生				端莊有意致，於樸實之中，寓溫柔之態。	娟好娉婷，假如閨秀	1027
武福慶，字小棠				天性耿介，不爲利動，不爲勢屈	有氣骨	1027
蔣金官，字筠谷				體度嫺靜		1027
趙慶林，字仿雲						1028
郝貴寶，字文玉				輕圓活脫以靈心佐慧口		1028
朱天壽，字鳳卿				便利輕儇，長於肆應，是慧而黠者。		1029
謝祥福，字天香				性倜儻，工詼諧。		1029
張聯喜，字馥才	齒弱			語言應答，亦復楚楚有致，迥異浮囂	喜學書，隨所至即磨墨作字，點畫秀勁多姿。	1029

陳三寶，字妙蓮				天姿靈敏，善伺意旨爲逢迎。		1029
陳壽林，字瓣香				尤專於取悅者也。應對殷勤，周旋便給。		1029
李蘭官，字香谷			肌膚瑩潔	每發一言，即嫣然笑，蓋天真爛熳，雕飾全無，能於誠實中見其慧者。	白牡丹	1030
李綠林，字綺琴	姿容秀潔			妙倩無雙		1030
許雙喜，字文蘭		嬌小堪憐	眉目清秀	循循雅飭，宛爾書生		1030
孫桂林，字香雲			纖眉細目	婉約依人		1031
王如意，字萼仙				年雖稺弱，而意致可人		1031
吳小祿，字文濤				論談把盞，別具溫柔		1031
韓金福，字菊人				丰神秀飭，言語嬉笑間，盎然天趣		1031
鄭三寶，字韻生		瘦小有神		所到處色舞神飛，刻無寧眠，座客俱爲忘倦，蓋生成水性也。		1031
張發林，字鳳鳴			白晢清癯		酷似小家女子	1031
錢彩林，字春嵐	甫垂髫			有姿態	春雨梨花	1031～32
余喜林，字金波。				恬雅溫和，天機瀏漾，浮觴促坐，令人心曠神怡。		1032
楊天福，字小纕		體裁纖小		勁秀個儻		1032
顧長松，字介石	齒雖加長			以骨力取勝，有如健翮摩空，太阿出匣。		1033

陳繼橋，字月湖					以靜勝			1033
戴三官，字聯香					淫靡之派出以嬈柔，佚志蕩心莫此為甚			1033
韓四喜，字秀篁					靡靡之音，本自入聽。			1033
蔡三寶，字蓮舫					力趨騷襞			1033～1034
沈榮慶，字秀雲	十餘齡				纖纖弱質，竟歌壇之幽燕宿將也。			1034
何玩月，字月卿					穠如桃李，而冷若冰霜，望其一笑，擬黃河之清。			1034
劉彩林，字琴浦	近三十			明眸善睞				1034
陳二林，字意卿			憨肥亦日益益		柔資非昔，別致猶存。不假修飾，而於布素中特饒俊俏			1034
張壽元，字蘅香		貌亦挺秀			酬應微覺生疏			1034～35
朱三喜，字曉蘋					神瑕氣靜			1035
郝雙翠，字啓桂					尤專工苦戲，聲情激烈，悲壯淋漓。			1035
馬鳳，字棲碧			英姿峭骨		不事描眉畫目，而風致自佳，於踏蹺後，愈見趫捷			1035
孟玉貴，字韞珍					動靜言笑，頗饒機趣。			1035
周桂林，字孤芳					動舉有赳赳之氣。	善於技擊		1035
高月官，字朗亭	年逾四十		豐頤皤腹				酷肖半老家婆	1036

《燕台集豔》收錄演員

演員名號	年齡相關	整體外貌描寫	身材、四肢	臉、皮膚	眉目唇齒	性情氣質	德性才藝	特定女性、花的比擬	收錄頁數
王小慶，號情雲，又號雲卿					轉秋波，調眼色，靈犀一點				1045
楊發林，號薰卿，又號韻香。						舉止端詳，自然幽雅。體態是溫柔			1045
汪雙林，號霞卿					官樣眉兒，新月偃，星眼朦朧	素品			1046
鄒福壽，號畹香						千般嬝娜，萬般旖旎，何須眉眼傳情，行近前來百媚生			1046
汪鴻保，號賓秋		身兒韻		臉兒清秀		天生聰俊			1046
席秀林，號珍卿，又號麗香						忒聰明，多丰韻，俊是龐兒俏是心			1047
項松壽，號文濤			香肩柳腰兒懨懨瘦損			清品			1048
丁春喜，號梅卿，又號小蓉						人間天上，軟玉溫香			1048～49
吳雙喜，號婉蘭						齊齊整整，嬝嬝婷婷			1049
許玉芳，號畹香						紅袖鶯銷玉笋長		好人家風範	1049
王得喜，號蓉卿						撥雨撩雲，顫巍巍。			1050
張心香，號妙卿				淡白梨花面，嫩巍巍臉兒吹彈得破					1050～1051
楊玉環，號韻珊	年紀小	嬌滴滴，越顯紅白		可喜龐兒淺淡粧		性氣剛			1051

演員名號			臉、皮膚	眉目唇齒	性情氣質		收錄頁數
張五福，號似蓮			頸低垂，煙鬟全墮		語人前先睞，儘人調戲，只將花笑拈		1052
周小鳳，號竹香				朱唇淺淡櫻桃顆			1052
沈三順，號雲仙				春恨落眉尖			1052～53
王四喜，號花農，又號荔香					嬌羞花解語，溫柔玉有香，		1053
鄭小翠，號鳳卿			杏臉桃腮，卻似半吐的新生月	秋水凝眸			1054
楊全喜，號念農					風流客蘊藉人休題，眼角留情處，喜怒其間，打扮得嬌嬌滴滴的媚		1054

《燕臺花史》收錄演員：

演員名號	年齡相關	整體外貌描寫	身材、四肢	臉、皮膚	眉目唇齒	性情氣質	德性才藝	特定女性、花的比擬	收錄頁數
趙天壽，字菊仙	16					對客寡言笑而深於情。	閒從人論古今書法	性恬靜如處女	1065
萬馨芳，號芷儂	14		龐面美丰姿		目盈盈若秋水	性聰慧			1065-66
汪蓬仙，名笙官	13					修容自喜，動宕不拘，水流花放，悠然有餘任俠負奇氣，口吃吃而多言語，尤嗜嘲笑。	與人交尚義，不以錙銖權輕重 喜書畫		1066
高玉磬，號瓊仙	15					風度瀟然，喜修潔，性倜儻	愛畫蘭及草衣設色法，尤嗜手談。		1067
徐幼芙。號藻卿	14					溫其如玉性溫婉而尚雅淡		脂粉不施，貌娟娟如好女	1067-68
張梅五，字福官	15					性聰慧	篤於情，不以勢利論厚薄		1068

王金蘭，號桐仙	13		骨珊珊若神仙			性靈警，能知人，有俠氣。	1068-69
郝天秀，號蘭卿	16					氣宇開朗，性情悃款	1069
秋霞，號綺儂	13	貌韶秀如玉人				性喜靜，腆不慣與生人語，對熟客差強。	1070
陳新保，號蘭仙	14		體態輕盈			意度嫻婉	愛畫蘭菊，時作小詩，亦秀削可喜。	1070
賓蝶							以書名，善詩畫	1070
吳連魁，號稚秋	14			鬚眉如畫	性恬適，美丰標		1073